LOLA BENVENUTTI

Por que os homens me procuram?

aprenda com uma profissional a apimentar sua relação

CB125251

Planeta

Copyright © Lola Benvenutti, 2017
Copyright © Editora Planeta do Brasil, 2017
Todos os direitos reservados.

Preparação: Ler & Escrever – Produções Editoriais
Revisão: Andréa Bruno e Luiz Pereira
Diagramação: Maurélio Barbosa | designioseditoriais.com.br
Ilustrações do miolo: Adams Carvalho
Imagem de miolo: Arquivo pessoal
Capa: Desenho Editorial
Imagem de capa: Gerald Blake Lee

DADOS INTERNACIONAIS DE CATALOGAÇÃO NA PUBLICAÇÃO (CIP)
ANGÉLICA ILACQUA CRB-8/7057

Benvenutti, Lola

Por que os homens me procuram? Aprenda com uma profissional a apimentar e melhorar a sua relação / Lola Benvenutti. - São Paulo : Planeta do Brasil, 2016.

ISBN 978-85-422-0786-6

1. Relacionamentos 2. Relações interpessoais 3. Sexualidade I. Título.

16-1123 CDD: 613.9

Índices para catálogo sistemático:
1. Sexo – Dicas.

2017
Todos os direitos desta edição reservados à
EDITORA PLANETA DO BRASIL LTDA.
Rua Padre João Manuel, 100 – 21º andar
Ed. Horsa II – Cerqueira César
01411-000 – São Paulo-SP
www.planetadelivros.com.br
atendimento@editoraplaneta.com.br

Para Gerald, com gratidão, por ajudar a me des(construir)
e questionar sempre!

Sumário

Introdução

Você até pode achar o título deste livro atrevido, mas se você o está lendo, ele já cumpriu sua função primordial: chamar sua atenção.

Diferentemente do que, talvez, você tenha pensado, eu não pretendo instaurar nenhum tipo de disputa entre nós, mulheres. Muito pelo contrário, o que eu espero é que possamos nos unir em busca do nosso prazer, compreendendo a importância de não adotar quaisquer práticas e comportamentos apenas para agradar o parceiro.

Você já parou para analisar a imagem que se vende como sendo a da mulher brasileira? Há quem diga que as melhores putas do mundo estão no Brasil e que as brasileiras são fogosas. São mesmo? Não é isso que leio nos e-mails que recebo, nem no que ouço das mulheres a quem dou atendimento, seja em programas como puta ou como orientadora nos meus *workshops* sobre prazer. Me surpreendi muito quando descobri, nas palestras que ministro, que aquelas mulheres não estavam na minha frente em busca do próprio prazer, para aumentar sua libido ou sua capacidade orgástica. A maioria estava ali esperando que eu lhes ensinasse a dar mais prazer a seus parceiros, como enlouquecer o homem delas na cama.

Ficavam surpresas quando eu respondia que eu não tinha receitas mágicas para tornar o ato sexual delas perfeito. Quando eu lhes dizia que, embora existam, sim, algumas sugestões, caminhos e possibilidades dentro de um senso comum do que é prazeroso, elas teriam de experimentar e descobrir por conta própria.

As revistas femininas têm grande participação nessa servidão feminina. Em sua maioria, há anos elas vêm focando estimular as mulheres a buscar o prazer do parceiro e não o próprio. Não ensinam as leitoras a se preocupar em se divertir na hora do sexo, em sentir prazer ao se lambuzar chupando um pau ou outra boceta, a ficar excitadas numa transa a ponto de desejar dar o cu e ser comida em todas as partes possíveis de seu corpo. Não, a publicidade da sexualidade feminina "fetichiza" a mulher em objeto comestível e servidora do prazer do homem. No papel da mulher, para boa parte de nossa sociedade, não há o gostar de sexo por si mesma, mas sim gostar de sexo o suficiente para excitar um homem.

Não!

Esqueçam todas as cartilhas que tentam ensinar a vocês o oral perfeito, as posições que enlouquecem os homens ou as 100 maneiras para arrasar na cama. Sabe o que excita um homem ou uma mulher? Um parceiro que goste de sexo. Sabe o que faz do sexo um ato gostoso? Gostar de sexo. Sabe como você encontra a posição ideal para gozar? Experimentando, transando, testando.

Sabe o que me fez transformar as minhas expectativas e as dos meus parceiros em satisfação para ambos? Prática. E com *prática* não quero dizer que você precisa transar com o mundo inteiro, que você precisa virar prostituta. Você pode passar a vida inteira *praticando* com um único parceiro, desde que ambos se esforcem para sair da zona de conforto e testem novas técnicas, métodos, jeitos, tipos. Transforme o ato sexual em uma foda inesquecível para os dois.

Passada a indignação/surpresa delas ao saber que eu estava ali para ensiná-las a gozar, com muita frequência eu ouvi a seguinte pergunta: "Por que mesmo eu sendo boa de cama, meu marido ainda procura prostitutas?".

Se você também quer entender por que seu parceiro procura prostitutas, digo que eu não tenho uma verdade absoluta para dar, mas posso levantar algumas hipóteses.

A primeira delas: porque é divertido. Muitas vezes não tem nada a ver com a esposa. Simplesmente é divertido fazer e falar sem se justificar, sem se preocupar em magoar ou mesmo assustar a pessoa que se ama.

Segunda hipótese: pela privacidade e pela liberdade. Poder falar sem medo de ser julgado: "Lola, coma meu cu". Uma puta não vai estranhar esse pedido. Uma esposa, talvez. Talvez, ele esteja a fim de experimentar coisas que acha que você não gostaria de fazer e, muito provavelmente, tem vergonha de te pedir. Você é obrigada a gostar, a fazer? Não. Nem ele de deixar de experimentar.

Terceira hipótese: vocês não conversam, não dão a devida atenção ao sexo entre vocês. Você tem vergonha de gozar? Tem vergonha do não gozar? E seu parceiro?

Quarta hipótese: ele quer ser conduzido por um sexo diferente do que está acostumado. Quer experimentar coisas novas, maneiras que ele não sabe que existem. Esse parceiro tem maturidade suficiente para não enlouquecer de ciúmes se sua namorada/esposa/amante lhe ensinar técnicas que não aprendeu com ele?

Muitos dos homens casados que atendi amavam suas esposas. Outros nem tanto. A questão não é amar ou não amar. Mas saber que uma mudança da rotina pode provocar borboletas no estômago de excitação e felicidade. Existe uma resistência conservadora e possessiva em cima de boa parte dos relacionamentos amorosos e isso reflete no sexo que as pessoas fazem.

Mesmo antes de me tornar puta, eu tive uma vida sexual muito ativa. Conhecia pessoas na internet, nos aplicativos e na vida real muito distintas entre si. Um dia, era alguém que ainda estava na faculdade com 20 e poucos anos, *nerd* e ingênuo; no outro, um empresário de 60, cujos *hobbies* eram jogar golfe e degustar vinhos. O sexo foi a maneira que encontrei de me multiplicar, criar personagens que viviam histórias diferentes a cada dia. Eu adorava ouvir o que as pessoas tinham para contar, conquistá-las e tê-las por perto.

Você pode achar que a minha realidade é diferente da sua, pois tendo sido puta, vivi relações de curta duração, o que fez tudo ser excitante e fácil de resolver. Mas quando eu achava que sabia tudo sobre sexo e relacionamento, minhas certezas mudaram.

Após alguns anos transando com muita gente, comecei a achar que essa variedade de parceiros havia virado uma rotina cansativa. As certezas que eu tinha aos 19 foram mudando, ainda bem, e eu me permiti viver outras experiências. O mundo da prostituição foi fundamental e representou um ciclo importante na minha vida, mas eu queria partir para outros desafios.

Reconheço que tudo o que eu sabia sobre relacionamentos se resumia a sexo e eu tive que me reinventar e aprender toda a novidade do romantismo quando conheci meu namorado atual. Eu, que dizia que jamais seria monogâmica, me vi em uma relação com uma única pessoa que me realiza em vários sentidos. Sem dúvida, essa foi uma das minhas conquistas mais emocionantes e tem dado certo porque conhecemos nossos corpos e temos liberdade para expressar nossos desejos. Ainda assim, nos esforçamos para ser melhor um com o outro, diariamente.

Puta ou casada, eu tenho aprendido muito sobre amor e sexo e o intuito desse livro é compartilhar com vocês as descobertas que fiz até agora.

Sexo e autoconhecimento

Sexo é poesia, música, cheiro, gosto, toque, uma infinidade de sensações que estamos sempre redescobrindo e que nos sensibilizam cada vez mais. Para isso, é necessário nos permitirmos experimentações livre de regras, de manuais, de certo e de errado. Você conhece seu corpo? Quantas vezes você já olhou sua boceta? Já experimentou pegar um espelho e observar atentamente o seu mapa do prazer? Aposto que você nem saberia descrevê-la com exatidão. Então pegue o espelho e mãos à obra. Agora!

Quando eu era criança, queria entender melhor o que era aquilo no meio das minhas pernas e por que meu irmão tinha algo diferente. Eu sempre pegava um espelhinho e ficava olhando, abria as pernas, puxava aqui, enfiava o dedo ali e ia vendo aquelas tonalidades diferentes, os tamanhos, as texturas e logo descobri, olhando com curiosidade um livro de anatomia da minha mãe que eu pegava escondida, que um dia aquilo tudo ficaria coberto de pelos e que a "coisa" do meu irmão iria crescer e parecer um pepino murcho. Eu achava tão feia a anatomia masculina, que só conseguia ter prazer imaginando o corpo feminino, e isso durou anos. Eu aguardava ansiosa os desfiles de carnaval pra ver as mulheres desfilando com os corpos pintados.

Observando a sua *little girl*, você verá o que a torna única. Cada uma tem formato, cores e texturas únicos. A sua pode ter os pequenos lábios mais gordinhos, maiores que os grandes lábios, mais ou menos pelos, monte de Vênus (o famoso capô de fusca) cheinho ou magrinho. Hoje em dia existem cirurgias plásticas que permitem modificar-lhe o aspecto se você se sentir muito incomodada com a sua, mas legal mesmo seria aceitá-la sem buscar padronizações corporais que são imposições masculinas sobre o que nos cai bem. Afinal, vamos nos amar e aceitar nossas diferenças!

Foi pensando nisso que o artista inglês Jamie McCartney criou, em 2008, o *Great wall of vagina* (Grande mural da vagina). Com 400 modelos de vaginas reais esculpidas em gesso – as participantes receberam gesso diretamente na vagina para que se obtivesse uma espécie de impressão bocetal – ele buscou retratar a unicidade de cada uma de nós.

Antes de mais nada, precisamos falar da maravilha que é a nossa boceta. Você pode chamar como quiser: boceta, pepeca, perereca, perseguida, procurada, pombinha, maçã, xereca, xoxota etc. Sinta-se à vontade para criar intimidade com ela. É fundamental entender que, mais do que uma conexão com nosso cérebro, ela é parte da nossa alma. "Entendas tua vagina e o prazer será todo teu", profetizou Naomi Wolf, em seu livro *Vagina – Uma biografia*. Se você quer entender melhor sua boceta e toda a sua complexa articulação com nosso corpo, #ficaadica.

As partes externas do aparelho *xoxotal* – clitóris, pequenos e grandes lábios – são apenas uma pequena parte. Nosso nervo pélvico se ramifica de maneira muito particular em cada uma de nós, o que faz com que sintamos prazer de formas diferentes. Imagine que a parte visível do clitóris é apenas uma parcela ínfima de seu tamanho real. Internamente, ele se divide em dois longos braços que acompanham o osso púbico. Quando recebemos estímulos, o sangue circula por ali e ele incha. O clitóris, esse botãozinho do prazer, tem justamente essa função: dar prazer. As incríveis oito mil terminações nervosas concentradas nesse pequeno rubi fazem com que ele supere a sensibilidade do pau, que possui pouco mais da metade disso.

Como cada mulher tem uma formação única de terminações nervosas, é normal que aquelas que têm mais ramificações no clitóris, por exemplo, sintam mais facilidade em ter orgasmos clitoridianos, enquanto as que têm mais ramificações na vagina possam preferir penetração para alcançar o orgasmo.

Além do aclamado clitóris, temos também os grandes lábios (externos), onde se concentram nossos pelos amados e os pequenos lábios (internos), que se assemelham a uma borboleta, região que é extremamente sensível por estar ligada ao clitóris.

O canal vaginal, como você já deve saber, é onde ocorre a penetração. Da vulva até o colo do útero, temos, em média, 5 a 8 cm de profundidade, mas quando estamos excitadas, pode chegar até 12 cm, o que garante a possibilidade de acolher vários tamanhos de pau. Grande parte das terminações nervosas se concentram nos 5 cm iniciais, onde fica localizado o controverso ponto G (embora muito se discuta a respeito e haja dúvidas se, de fato, ele existe).

Justamente pelo caráter de exclusividade de cada boceta, os (as) parceiros (as) que realmente buscam nos entender e nos fazer felizes precisam buscar o significado mais profundo de nossas caixas de Pandora, entendendo que o que funcionava com a parceira anterior pode não valer conosco, e que é preciso demonstrar interesse por nosso estado mental, observando se estamos estressadas ou relaxadas, explorando nosso corpo com a curiosidade de um descobridor e a delicadeza de um artesão, tratando as preliminares como todo e não apenas como prólogo.

Sinta prazer
no que faz

Você já sentiu um orgasmo? Sabe o que lhe dá prazer? Você se masturba? Essa atividade é essencial para conhecer o seu corpo, ter domínio do seu prazer e conseguir ajudar o seu parceiro nessa tarefa. Em quantos minutos você consegue gozar sozinha? Você sabe uma posição, um jeitinho, um pensamento quase infalível que a faça gozar? Seria bom descobrir. Sabe o que mais excita o outro? Sentir o tesão alheio. *Tão* aí os filmes pornôs que não me deixam mentir.

Eu mesma, na qualidade de puta, de uma profissional que deveria estar ali para garantir o prazer do meu cliente, sempre me preocupei em gozar, em me divertir. Acho que muitos deles percebiam e gostavam disso. A filósofa Adélia Prado nos ensina com poesia: "Erótica é a alma que se diverte, que se perdoa, que ri de si mesma e faz as pazes com sua história. Que usa a espontaneidade para ser sensual, que se despe de preconceitos, intolerâncias, desafetos". Divirta-se, do contrário não vai rolar.

Eu comecei a me tocar de uma maneira muito natural. Quando era criança, tinha uma brincadeira chamada dança da minhoca. Não faço ideia de onde vi isso, mas consistia em deitar em uma superfície plana e imitar os movimentos do animalzinho. Em algum momento, eu descobri que colocar um travesseiro no meio das pernas dava uma sensação esquisita e gostosa e passei a fazer aquilo sempre que eu pensava em coisas que me deixavam curiosa: mulheres sem roupa no carnaval, o Ken e a Barbie pelados na lua de mel. Um dia, a minha mãe me viu brincando daquilo e perguntou o que eu estava fazendo. Não havia repreensão na voz dela, mas eu fiquei constrangida por não saber explicar o que exatamente eu fazia. Depois disso, passei a fazer a dança da minhoca apenas no meu quarto, com a porta trancada, sempre com a sensação de que estava fazendo algo errado.

Recebo inúmeros e-mails e reclamações de mulheres que dizem não conseguir gozar. Essa situação pode ocorrer por diversos motivos e eu sempre sugiro que elas busquem ajuda de um médico ou um analista para estudar o seu caso. No que me compete, eu sugiro que reservem tempo para elas mesmas, para que possam conhecer melhor os caminhos do próprio corpo e tentem encontrar estímulos que possam despertá-las para o prazer. É preciso se esforçar, se concentrar em buscar algo que as faça gostar de si mesmas, e essa tarefa nem sempre é fácil. Cada uma de nós tem percursos muito particulares, sofrimentos, traumas desconhecidos para os outros, capítulos que nos tornam quem somos. Ainda assim, vale a pena o mergulho no nosso inconsciente por meio de uma análise profunda do porquê chegamos até aqui da maneira como chegamos.

Quando aprendemos a lidar com nossos tabus e entendemos o que nos dá prazer, podemos gozar muitas vezes, mas para isso não podemos nos acomodar. É preciso coragem para encarar nossas fragilidades.

Fingir orgasmos para agradar ao parceiro e seguir a vida sem conhecer o prazer e a sensação de plenitude e felicidade que um orgasmo pode proporcionar é ignorar toda essa mágica. É óbvio que o comportamento do parceiro pode ter muita influência sobre o modo como nos comportamos na cama. Muitas fingem orgasmos para se livrar rapidamente da obrigação de fazer sexo, outras tantas foram, desde sempre, ignoradas sexualmente, servindo apenas como instrumento de gozo para os homens e sequer sabem o que é ter prazer. Por esses motivos, é fundamental encontrar maneiras de nos impor e enfrentar a dominação masculina em busca do nosso bem-estar.

Uma vez uma aluna do curso de sexualidade, logo depois de ouvir algumas técnicas sobre masturbação, disse: "Nossa, então eu tô fazendo tudo errado". Ela se desesperou porque o modo como ela fazia a "dança da minhoca" era diferente do meu, mas não existe jeito certo e errado, minha gente. Desde que não represente um risco à sua saúde, vale tudo. Tenho uma amiga que se esfrega no braço do sofá e outra para quem o câmbio do carro é um grande amigo.

Se você optar por métodos naturais, pode criar a sua própria técnica. Eu gosto de ficar de lado e colocar um travesseiro entre as pernas, enquanto me esfrego num movimento de vai e vem, mas você pode criar mil variações. Ao invés de ficar de lado e com o travesseiro entre as pernas, pode deitar de bruços sobre as suas mãos e movimentar o quadril enquanto a palma da mão fará pressão sobre a boceta. O importante é estar confortável e sentir o movimento do corpo, alternar a intensidade e a velocidade do movimento enquanto se entrega à descoberta do prazer.

Um dos métodos comuns é o dos dedos mágicos. Lembre-se de que um bom lubrificante será um dos seus melhores amigos. O melhor que eu já usei até hoje foi o *Babe Lube*, que não fica muito melecado nem grudento quando seca. Consistência perfeita.

Use os dedos indicador e médio para estimular o clitóris. Eu prefiro começar pelos grandes lábios e ir me tocando aos poucos, por fora da calcinha, depois faço um carinho suave do lado de dentro, pela região dos grandes lábios, avanço para os pequenos lábios e deslizo meus dedos, apertando-os suavemente, até chegar ao clitóris. Prefiro assim porque tenho muita sensibilidade indo direto. Estando nele, é só ir esfregando e aumentando a intensidade. Colocar um dedo no canal vaginal enquanto estimula o clitóris com a outra mão também é sensacional porque, assim, os estímulos vêm em dose dupla.

A verdade é que o jeito pouco importa, o que vale mesmo é dedicar esse tempo a se conhecer, tocando cada pedacinho seu e entendendo, com tranquilidade, que o que as revistas ou suas amigas dizem pode não funcionar pra você, e que isso é natural. Afinal, somos todas diferentes.

Tenha bons brinquedos

Outra possibilidade é usar um vibrador. Esse, aliás, é um item essencial na vida de qualquer mulher. Há um milhão de tipos, cores e texturas disponíveis e você pode escolher aquele que melhor se adapte às suas necessidades. Eu tenho vários e sempre vou testando as novidades. É possível usar sozinha e a dois (esqueça os vibradores convencionais em forma de pinto que apavoram os homens). Definitivamente, é um investimento que vale a pena, pois nos poupa o trabalho de movimentar freneticamente os dedos e uma possível cãibra.

Existem vibradores que são mais simples e outros mais complexos. Alguns fabricantes até os classificam para orientar quem deve usar os modelos: iniciantes, intermediárias ou avançadas, mas eu acho que cada uma deve decidir aquele que se adapta às suas necessidades. Os melhores produtos são mais caros, mas têm maior durabilidade, formatos mais confortáveis e até poder de vibração consideravelmente melhor.

O vibrador convencional é aquele em formato de pau. Se você sente mais prazer com a penetração, este pode ser uma boa escolha. Ele é simples, barato e funcional, mas, hoje em dia, existem opções muito mais completas.

O tipo conhecido como **Cavalo-Marinho**, por exemplo, pode ser introduzido no canal vaginal e, ao mesmo tempo, estimular o clitóris, pois tem uma espécie de alça para isso, num *design* divertido que lhe dá o formato semelhante ao do cavalo-marinho. Ele é feito de borracha resistente e macia. Além disso, é à prova d'água e recarregável, dispensando pilhas e baterias descartáveis, o que prolonga sua vida útil.

Existem várias marcas desse estilo no mercado e você pode escolher o modelo que mais gostar.

Outro muito conhecido é o **Borboletinha**, uma espécie de calcinha com uma borboleta vibradora que se encaixa na região do clitóris e estimula a área externa da vagina. Há quem goste de usá-lo sob a roupa em festas e afins. É feito de borracha gelatinosa, bem molinha. Embora esse seja um vibrador dos mais conhecidos e acessíveis atualmente, há uma outra opção fantástica para quem gosta de estímulos no clitóris. Trata-se de um vibrador equipado com duas "almofadinhas" de borracha, bem maleáveis, que se encaixam nos dedos indicador e médio; delas sai um fio conectado a uma pulseira que controla intensidade e velocidade. Essa belezinha – chamada **Hello Touch** – permite que suas mãos (ou as do parceiro) propaguem o estímulo por onde você desejar, transformando-as em um vibrador. O **Hello Touch** pode

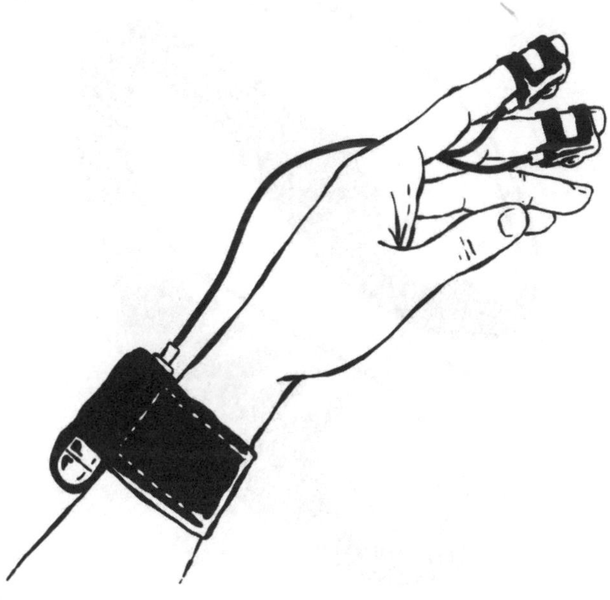

ser usado durante o sexo oral inclusive, estimulando outras partes do corpo enquanto a boca do parceiro percorre sua vagina.

Mas meu favorito é o **We Vibe**. Sua versatilidade é o que mais me atrai e o que o destaca de todos os outros. Feito de borracha macia, ele é recarregável, à prova d'água e seu formato em C, desenhado para se adaptar com conforto ao corpo, foi muito bem pensado. Dispõe de várias velocidades e intensidades e permite diversas formas de uso: introduzir uma extremidade no canal vaginal e usar a outra para estimular o clitóris; usar uma extremidade na vagina e outra no seu cu; manejá-lo como uma espécie de pinça no clitóris; ou para masturbar o parceiro, tudo depende da sua criatividade.

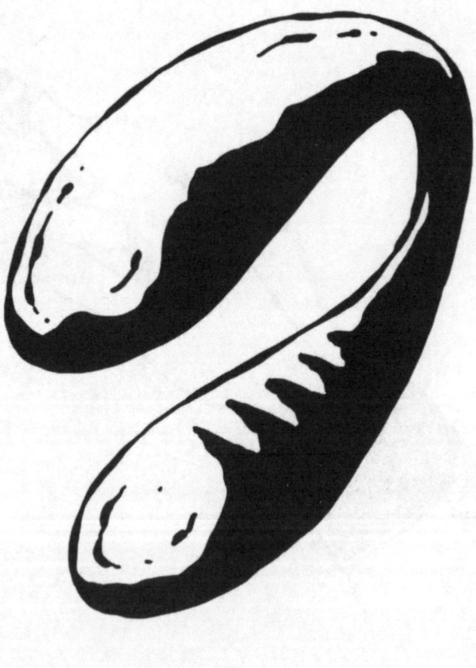

O mais legal nesse vibrador é a possibilidade de usá-lo a dois. Pode ser usado como uma espécie de pinça, para masturbar o parceiro e no cu, caso goste de estímulos ali, ele funciona muito bem durante a penetração. Basta lubrificar tudo direitinho e introduzir o pau e o vibrador juntos na vagina, buscando a posição mais confortável para o casal. A vibração atinge todos os envolvidos e a diversão é garantida. Nas últimas gerações do produto, além do controle remoto, que acompanha todas as versões, você pode baixar o app no seu celular para controlar o brinquedinho de qualquer lugar do mundo e criar suas próprias vibrações.

Outros vibradores divertidos também podem ser utilizados em caso de necessidade. Há múltiplas opções em formato de batom, caneta e até colares. Esses são altamente indicados para situações de estresse e vale a pena levá-los na bolsa.

No Glossário do prazer, você vai encontrar outras opções de vibradores.

Assim como na masturbação manual, na mecânica você pode começar a se excitar aos poucos, passando o vibrador pela virilha, por cima da calcinha, nos seios, sentindo como seu corpo reage naquele momento. Não precisa ir direto para a velocidade 5 do Créu. Pode começar pela intensidade mais leve e ir aumentando, de acordo com o seu tesão.

Sempre vejo as mulheres preocupadas com a maneira como gozam "Ah, eu prefiro meter. Só gozo assim", "Ah, eu só gozo me masturbando ao mesmo tempo",

"Sinto mais prazer no cu". Uma boa informação a respeito é que não existe jeito certo, gente. Felizmente, jamais conseguirão normatizar nossas gozadas. Podemos gozar de mil maneiras e isso é lindo, maravilhoso. Há quem prefira ter o clitóris estimulado pra chegar lá, há quem goste de penetração, há quem goze com estímulos menos diretos. Tem gente que goza beijando!

Converse sobre sexo

Sair da zona de conforto exige esforço e dedicação e, às vezes, as pessoas acham mais fácil procurar fora da relação aquilo que não encontram em casa, fingindo que o problema não existe enquanto vão levando desse modo. Nesse sentido, um dos conselhos mais importantes que eu posso dar é: converse com seu parceiro (a). Discutir a relação – a famigerada DR –, coisa que traz pavor a muita gente só de pensar, é fundamental para conhecer os problemas, entender o que precisa ser melhorado e o que cada um dos dois pode fazer.

Acho até comum que depois de um tempo a frequência e a intensidade do sexo diminuam, mas deveria ser tarefa do casal criar novas possibilidades, surpreender o outro e mostrar que o desejo existe. Deveria ser tarefa de ambos trabalhar para melhorar a relação. A maior parte das pessoas que se interessa em conversar, ampliar perspectivas e em testar novas experiências é composta por mulheres.

Esse desejo de mudança da rotina/sentir borboletas no estômago pode vir acompanhado de carência e receio de dizer à parceira (o) do que gosta. A sensação de frio na barriga, de respiração ofegante e de partes baixas pegando fogo quando começamos a nos envolver com alguém, no começo da conquista, na dança do acasalamento. Bem verdade que depois de um tempo a rotina se encarrega de diminuir o voo das borboletas. É sempre aquela mesma pessoa, o mesmo sexo, vocês já fizeram várias coisas legais e excitantes juntos e o tesão ficou morno, com cara de pão amanhecido.

Conhecer o próprio corpo e gostar de sexo são as premissas básicas para uma vida sexual proveitosa. Mas é claro que existe o senso comum do que fazer e do que não fazer. Existem orientações gerais do que é agradável e daquilo que não é agradável. Mas cuidado: nem todo mundo busca apenas o agradável no sexo. Sabe quem melhor pode te responder como chupar, segurar, apertar, engolir, falar? A pessoa indicada para te responder esse tipo de pergunta é o seu parceiro.

Sem comunicação, não haverá entendimento na cama e nem fora dela. É só ser gentil e falar com jeitinho. Às vezes, nem é preciso falar com palavras. Aprenda a ouvir o corpo do outro, porque, todas sabemos, o corpo fala e é muito sincero. Um gemido mais alto, mais intenso, quando ele acerta no movimento pode ser um ótimo indicativo de que você e ele estão no caminho certo.

O prazer da mulher sempre foi tratado como algo misterioso e sombrio, capaz de conduzir qualquer bom samaritano para as labaredas do inferno. Na Roma antiga, dizia-se que bom mesmo era dormir com mulheres escravas ou alforriadas, pois trair com mulheres da sociedade obrigaria a fazê-las gozar, tarefa que devia ser considerada quase impossível, pelo jeito. Mesmo Freud, o pai da Psicanálise e de tantas descobertas fundamentais para o entendimento da sexualidade, morria de medo das mulheres. Ajude seu parceiro a te fazer chegar lá.

Por que não ajudar o outro a nos fazer gozar? Por que não pedir que o outro nos ajude a fazê-lo gozar? Vergonha? Nunca vou entender a vergonha de perguntar, pedir com safadeza os caminhos do corpo alheio. Você não acha muito mais coerente ter vergonha de fingir o prazer? Ninguém nasce com um mapa do prazer de si mesmo, o que dirá sobre o do outro. Não exija de si mesma que saiba tudo, tampouco espere que ele saiba.

Você não precisa, embora possa, ir com os dois pés no peito do indivíduo. Pode ir pelas beiradinhas, sugerindo a leitura daquela matéria interessante que você viu por aí, indicando algum filme mais *caliente*, comentando algum assunto que envolva o tema. Várias revistas masculinas falam de sexualidade de um jeito bacana e trazem textos de mulheres. Um exemplar de uma delas pode ser um bom começo. Não é necessário usar todos os artifícios de uma vez e sobrecarregar o e-mail e WhatsApp com todo o sexo do mundo. Vá aos poucos, conforme sente abertura para isso. Pode ser desconfortável e estranho no começo, mas, gradativamente, vocês se sentirão mais à vontade para falar sobre o tema. É importante ter paciência e exercitar sua compreensão, pra não se irritar nem se magoar com a opinião do outro, especialmente se ela é diferente da sua. Respeito é fundamental.

Se ele detesta falar e você fica num monólogo eterno, uma boa pedida é fazer terapia de casal. Ainda que seja difícil para um de vocês se abrir, ambos terão espaço para falar e um profissional a postos para ajudá-los a entender e discutir os pontos de vista de ambos. Terapia é algo que levamos pra vida e nos ajuda muito a conhecer a nós mesmos e ao nosso parceiro. Segundo Donald Winnicott, psicanalista inglês, o processo de amadurecimento consiste na aquisição de autoconfiança. Esse é o caminho pelo qual alguém fechado e inseguro terá condições para se expor e realizar trocas com o outro.

Se a comunicação entre vocês vai bem, maravilha. Esse é o primeiro passo para o sucesso sexual. Tendo liberdade para falar sobre desejos e fantasias, explore esses temas. O que vocês gostariam de fazer que ainda não fizeram? Ou o que gostariam de repetir? Quais sãos os fetiches de cada um? Quais as curiosidades?

Nesse ponto, é importante abrir a mente e entender que o desejo é algo maravilhoso e muito amplo, é um labirinto que vale a pena descobrir. Digo isso porque recebi muitos homens que se diziam bem casados, mas que simplesmente não conseguiam dizer às parceiras que gostavam de estímulos lá atrás. Morriam de medo que elas os achassem *gays* e mesmo comigo, quando acabava nosso horário, era nítido que queriam sair correndo o mais rápido possível, cheios de vergonha. Agora, veja bem, é sabido que essa região é megairrigada por vasos sanguíneos que lhe conferem alta sensibilidade. Se essa é uma zona erógena, por que não explorá-la? Por que temos que categorizar as pessoas sempre em hétero, bi e *gays*, em vez de entender que elas têm suas particularidades, seus prazeres, e que nenhum deles deve ser motivo para encerrá-los numa pasta organizadora? Quem pode dizer que prazer temos em sentir? Imagine que chato seria se todos gozassem do mesmo jeito, se todos quisessem as mesmas coisas e se transar fosse sempre, sempre a mesma coisa? Credo!

Sexo não tem regras – desde que seja consensual, é claro –, não tem certo nem errado e não pode ser classificado como bizarro só porque alguém tem gostos diferentes dos seus. Assim como os gostos que temos para livros, músicas e restaurantes, cada um tem suas particularidades sexuais e tratar isso como bizarro ou estranho é um grande desrespeito.

O segundo aspecto em relação ao qual eu mais ouvia reclamações dos homens era a carência. Muitos deles passavam quase o tempo todo contando detalhes da rotina, falavam sobre seus gostos, as novidades da semana. Eu sei, que depois de um tempo, parece que já sabemos tudo sobre a pessoa e não temos mais paciência para ouvir, ou simplesmente não nos interessamos, mas os homens, em geral, são frágeis, inseguros e muito carentes. Não é uma verdade universal, claro, mas eu vi muitos deles com essas características.

Preste atenção no seu parceiro. Tudo o que digo aqui vale para todos numa relação e transcende ao relacionamento monogâmico heterossexual.

Premissa número um: conheça seu corpo.

Premissa número dois: mantenha aberto o diálogo. É preciso verbalizar que sente falta de atenção e que a relação pode melhorar se um se importar mais com o outro.

Para que qualquer relacionamento dê certo é essencial que os dois se respeitem, que consigam conversar, ouvir e ser ouvidos e que, se não concordam com tudo, que discordem com gentileza. Aliás, essa é a premissa básica para qualquer relacionamento; se não há respeito, não há papo.

Admiração pelo outro é um dos quesitos fundamentais que eu tenho visto minados nos relacionamentos. Nas minhas palestras, ouço as mulheres falando dos parceiros com muita frustração, com total desencanto. Nesse ponto, há duas questões importantes a discutir: a primeira é que o encanto que sentimos no começo do relacionamento é pura enganação e isso normalmente nos impede de ver a realidade e alinhar nossas expectativas à realidade. O segundo ponto é o esforço que os dois devem fazer para que a admiração, o carinho e o cuidado com o outro continuem mesmo depois de passar muito tempo juntos. Quando a admiração acaba, começamos a ver os parceiros como bundões e isso é desencorajador. Não é fácil manter tudo em harmonia com a rotina apertando nossos calos, mas conto de fadas é coisa da Disney, né?

Amplie as preliminares

A verdade é que não paramos para pensar que as preliminares começam fora do quarto, antes mesmo de pensar em transar. Começamos a aquecer o relacionamento sendo gentis, desejando bom dia com um beijo gostoso, nos preocupando com o outro. Essas são pequenas gentilezas que mudam nosso dia para melhor e que nos mostram porque estamos com aquele com quem escolhemos estar.

Pode parecer besteira, mas dizer "obrigada", dar um beijo de bom-dia, levantar (e abaixar depois, claro) a tampa da privada, colaboração nas tarefas de casa, ajuda muito a manter a cumplicidade e um clima favorável sexualmente. Eles, muitas vezes, não se dão conta, mas essas já são as preliminares. Quem pensa que elas começam no sexo, tá pensando bem errado.

É fundamental entender que a excitação funciona de maneiras diferentes para homens e mulheres. Nós, mulheres, precisamos de uma preparação diferente. Com isso quero dizer que as preliminares começam antes mesmo de chegar na cama (ou onde quer que a transa vá acontecer) e eu não falo de sexo, estritamente. A gentileza, o cuidado e a atenção ao detalhe fazem parte da dança do acasalamento, especialmente para a mulher. Não estou dizendo que as mulheres não têm desejo por sexo selvagem. Estou dizendo que a excitação feminina, de modo geral, envolve mais do que apenas um pau duro, ágil e pronto pra se enfiar em qualquer orifício. O nosso desejo começa na mente. Tem mulher que acha o máximo receber fotos de paus, tem outras que não dão a mínima, que acham até ridículo ou brochante. Muitas precisam de um enredo para sentir uma excitação que emane por todos os poros, que envolva todos os sentidos e é por isso que cada uma precisa explicar para o seu parceiro como funciona para ela. A conquista começa antes de tirar a roupa. O desejo precede o sexo.

Você pode vestir uma lingerie que ache bonita, excitante. Não conte a ninguém que a está usando. Saia, vá trabalhar, viva sua rotina, sabendo o que ninguém mais sabe: que debaixo daquela roupa fria de trabalho você usa uma calcinha muito safada. Excite-se consigo mesma. Deseje sexo mesmo que você não tenha com quem transar naquele exato momento. Estimule sua imaginação, seu corpo. Ao voltar para casa, masturbe-se pensando em você mesma. Ative por si mesma seu corpo, sua sexualidade e sua libido.

Seja você mesma

Posso afirmar com tranquilidade que duas das características que os homens mais gostam em mim são atitude e autoconfiança. Eu nunca fui linda, mas encontrei meios de gostar de mim mesma, seja fazendo tatuagens, seja usando roupas que me deixassem confortável ou usando um perfume que me fazia ter vontade de transar comigo mesma. Olhar-se no espelho e encontrar algo que lhe faça muito bem, que lhe faça sorrir. Quantas vezes você se olhou e se admirou, se tocou e disse a si mesma "Porra, eu sou foda! "?

Não existe o corpo perfeito, mas entendo que a cultura do *photoshop* torne isso algo difícil de acreditar. O que posso dizer é que se você tem algo que lhe incomoda muuuuito e que pode mudar, faça! Eu, por exemplo, a despeito dos pedidos dos clientes para que não colocasse silicone (por incrível que pareça, peitos naturais são muito valorizados nesse ramo), acabei colocando depois de um tempo, achando que ficariam mais harmoniosos com meus quadris. Fiquei muito satisfeita com o resultado. Incentivada pelos corpos esculturais das musas fitness e acreditando que um corpo "perfeito" me faria mais feliz, me matriculei em uma academia, contratei um *personal* e comprei dois meses de comida congelada saudável. Descobri que essa não a era minha praia e embora eu tentasse me controlar para não comer pizza todos os dias e manter a frequência na academia, me convenci que o que me dava prazer mesmo era comer bem, sem neurose do corpo e sem me preocupar com gordura, celulite e imperfeições.

Não há mal algum em tentar melhorar o que nos incomoda, mas não vale a pena focar todas as suas energias no que você julga que os outros acham um problema. Se decidir transar com um cara, tente não focar naquilo que considera negativo em seu corpo, centralize seus pensamentos nas sensações positivas desse momento. Duvido muito que na hora do prazer o cara fique reparando em quanta celulite você tem ou se sua barriga é negativa ou não. E, sinceramente, se ele reparar, é um idiota, concorda? Nem vale a pena se preocupar com um cara assim.

O engraçado é que eu já ouvi vários comentários de amigos e clientes que acham que nem sempre é bom sair com mulheres muito bonitas "Elas deitam, abrem as pernas e esperam que a gente faça tudo". O mestre Vinícius estava errado, fundamental é ter atitude. Veja o meu exemplo. Existem muitas putas lindas, maravilhosas, com corpos esculpidos por horas de academia. Por que então eu consegui tanta projeção? Por que tive sucesso como prostituta? Certamente, foi pelo meu modo de tratar os clientes, pela delicadeza e a pela atenção com que tratei cada atendimento. Minha atitude foi fundamental, não o meu corpo.

"Mas, Lola, se você pudesse citar uma coisa que enlouquece os homens, o que seria?" Eu diria que, mais do que um corpo perfeito, o jeito de encarar nossa sexualidade é a chave para a conquista.

A beleza pode ser atrativa, claro, mas é o algo mais que prende os homens. Tenho amigas que não são beldades, mas que carregam consigo um *je ne sais quoi* (alguma coisa que não tem explicação), um jeito de olhar, de falar, uma postura consciente do próprio corpo, sem medo de mostrar seu desejo. Ser *sexy* é um estado de espírito, não tem nada a ver com *lingerie* de renda francesa. É possível ser *sexy* com um pijaminha puído, mas pra isso é preciso que você aprenda a identificar o que lhe deixa confiante, encontre prazer em se olhar, se tocar e passe a se desejar.

É claro que o fato de termos sido reprimidas sexualmente desde sempre dificulta tudo. Somos sempre encarceradas na eterna dicotomia entre santas e putas e julgadas como tal. Desde pequenas, aprendemos que não devemos sentar de pernas abertas, enquanto os meninos correm sem camisa por aí, e quando crescemos, a masturbação é repreendida por nossos pais, enquanto os meninos ficam hoooras no banheiro e tudo bem.

Na Antiguidade, a masturbação era uma prática comum e aceita, mas os greco-romanos a desestimulavam antes dos 21 anos. Já os egípcios, por exemplo, acreditavam que o universo havia sido criado em decorrência da masturbação do deus Atum. Infelizmente, a siririca e a punheta foram massacradas pelo Cristianismo, pois qualquer prática que não tivesse relação direta com a procriação deveria ser banida. A prática era tão grave que, durante a inquisição, punheteiros podiam ser queimados na fogueira; já a masturbação feminina era punida com mais de um mês de jejum. Os sentimentos de vergonha e de culpa faziam com que o sexo fosse visto como uma transgressão contra Deus. Isso, junto da posição de inferioridade da mulher ao longo de muitos séculos, criou uma mistura explosiva, que só podia culminar em muitos outros séculos de repressão e culpabilização.

Eu sempre digo que não é fácil nos assumir e ser quem de fato somos, mas quando alcançamos esse estado de espírito, a sensação de plenitude supera todos os percalços. Aceitar e viver o prazer é algo fantástico, com o qual só temos a gozar, literalmente. Já está mais do que na hora de nós ignorarmos os julgamentos de quem continua querendo reprimir nossos orgasmos e sermos felizes, inclusive se isso significar transar na primeira noite, transar com mais de um ao mesmo tempo ou nos descobrirmos em novos desejos.

Inspire-se

Eu assisto pornôs e sempre gostei deles, mas muitas mulheres acham vulgar assistir esse tipo de filme, ficam incomodadas só de ver imagens eróticas. Esse comportamento não ajuda muito porque provavelmente o desconforto com o erótico acaba privando a nossa mente de fantasias estimulantes. Por exemplo, imaginar o Brad Pitt ou um cara gato que você viu na rua enquanto você se masturba não é traição, é apenas um estímulo que pode ser muito bem utilizado durante uma transa, inclusive. Sexo é lugar de fantasia, de inspiração, de desejo e, para isso, vale viajar nas imagens. Filme pornô não é só pra homem!

Para a nossa sorte, o mercado está mudando. Cerca de 30% dos consumidores de filmes adultos são mulheres e, graças a esse número, há alterações importantes ocorrendo no setor. Atualmente, há várias empresas produzindo para o público feminino; são filmes com enredos mais próximos da vida real, com roteiros que incluem preliminares (diferentemente do roteiro típico de sexo oral e penetração infinita que se vê nos filmes convencionais); trazem um olhar mais poético para o corpo (nada de *closes* profundos da periquita, nem do pau), mas nem por isso os filmes são bobinhos. As cenas são de tirar o fôlego, mexem com o desejo feminino pela atenção aos detalhes e pelo bom gosto que evocam.

Uma das minhas diretoras favoritas é a Erika Lust. Os filmes são pagos, mas você pode ver os *teasers* no site dela. Vale a pena o investimento. As imagens são belíssimas, atores e atrizes atraentes, sem exageros e sem toda aquela coisa *fake* de pornozão comum. Mostram cenas reais, que poderiam acontecer com você. Além disso, os fãs podem mandar as próprias histórias para a Erika, pois de tempos em tempos ela seleciona as melhores para serem filmadas. Demais, né? O site dela estará no Glossário do prazer, no final deste livro. Lá também indicarei filmes, livros, sites e outros conteúdos relacionados a sexo mencionados aqui, para que você os encontre rapidamente.

Também há outros filmes, que não são pornôs por definição, mas que possuem um roteiro interessante e que são altamente excitantes. Por que não convidar seu parceiro para assistir com você? É bem provável que vocês tenham que dar uma pausa para saciar suas vontades.

Crie o clima

Filmes podem ser um incentivo e tanto para despertar a sensibilidade, mas também acredito que uma trilha sonora excitante faz milagres. Criar um clima favorável e inebriante é importante tanto no sexo consigo mesmo, quanto com outras pessoas. Fazer bom sexo é estimular todos os sentidos. É criar uma atmosfera de excitação, com preliminares que excedem o campo do tátil. Para os meus clientes, por exemplo, eu criava várias *playlists* e escolhia a mais adequada a cada um de acordo com o que eu sentia após algum tempo de conversa. Posso dizer com convicção que a música ajuda com o ritmo, com a sensualidade e tira o melhor dos parceiros. Quando ouço algo que gosto e que me excita, me sinto *sexy* e me solto mais.

Você precisa descobrir que tipo de música mexe com você, que tipo de música faz você se imaginar cavalgando alguém, se entregando de corpo e alma. Já tive pedidos de *striptease* ao som de Michel Teló, então, se você quiser uma trepada ao som do Grupo Molejo, tudo bem, mas vale a pena investir em sons naturalmente mais sensuais, guitarras expressivas, vozes aveludadas.

Minhas trilhas preferidas são as grandes vozes do rock clássico, do blues e do jazz, mas você pode escolher a sua de acordo com o *mood* do dia: *playlist* mais romântica, mais selvagem, mais sensual, delicada. Fica tudo a seu critério. A busca pelo ambiente instigante e inspirador depende de você e do momento.

Mesmo que seja pra si mesma, durante o despertar do seu prazer, crie um clima, acenda uma vela com o aroma que lhe agrade, sinta-se aconchegada, relaxada. Vale até uma taça de vinho. Certifique-se de que ninguém vai chegar bem no meio do seu rito de amor particular e estragar tudo e ganhe esse tempo para si mesma. Invista no seu corpo e no seu prazer. A segurança e a satisfação que vai alcançar certamente a levará a orgasmos muito mais gostosos a dois.

Você pode dizer "Ah, só de tocar, eu vou gozar, não preciso desse clima todo". Concordo com você. Já me vi no trânsito totalmente parado de São Paulo, me masturbando com um vibradorzinho que eu sempre levo na bolsa. Nesse caso, o clima era a própria cidade e o tédio do trânsito. Às vezes você não tem tempo nem saco pra tudo isso e uma siririca de alguns minutinhos já fica de bom tamanho. Entendo a necessidade perfeitamente, mas também acho que o ritual é muito bacana, no sentido de dedicar a nós mesmas, ao nosso próprio prazer, o que muitas vezes devotamos aos parceiros, ensandecidas por agradar: fazemos um jantar, compramos aquela *lingerie*, gastamos horas no salão, tudo sempre para o outro, na expectativa de que ele goste e fique perdidamente apaixonado. Sei que a intenção é boa, mas pra ela funcionar precisamos estar confiantes, e confiança tem tudo a ver com domínio do nosso próprio corpo. Por isso tudo, vale a pena adorar o nosso templo do prazer. Gozar sozinha é diferente de gozar com alguém.

Estudos comprovam que o relaxamento é extremamente importante para a excitação sexual feminina. Em seu livro, Naomi Wolf menciona um estudo médico que comprova que quanto mais uma mulher se aproxima do orgasmo, mais os centros cerebrais que controlam o comportamento são desativados. Trocando em miúdos, pode-se dizer que, quando estamos prestes a gozar, nos tornamos selvagens e ficamos tão desinibidas que a nossa capacidade de julgamento se ausenta e até a dor passa a ser reconfigurada nesse novo estado de consciência. Esse é o poder do orgasmo, minha gente.

Quando o relacionamento cai na rotina e a sensação de borboletas no estômago desaparece, a vontade de procurar outros fora do relacionamento pode surgir. Curiosamente, grande parte das mulheres não trai exclusivamente por conta do apetite sexual. Traímos porque sentimos que deixamos de ser desejadas. É claro que o homem também gosta de se sentir desejado, mas para boa parte das mulheres essa é uma sensação vital.

Esse é o grande ponto: continuar desejando e sendo desejada, a despeito da rotina massacrante que enfrentamos para manter um relacionamento. A questão é que sozinha você não vai conseguir construir essa ponte. É como bater palmas. Precisamos de duas mãos para conseguir bater palmas. Uma só não faz barulho algum. Em alguns casos, as duas mãos podem ser as suas mesmo, mas em muitas outras questões, se você tem um parceiro, os dois precisam se unir.

Aos companheiros, é preciso sempre um olhar gentil e atento aos detalhes, que destaque as características que gosta na parceira, que valorize os momentos, a dedicação dela em cuidar de você, da casa, dos filhos e de si, que diga "uau" quando ela se arruma pra vocês saírem para jantar e, até, quando ela acorda com cara de sono. Esse olhar, depois de algum tempo, precisa ser exercitado, pois a rotina tende a fazê-lo passar batido por algumas atitudes que são essenciais.

O mesmo vale para nós, mulheres. Os homens se tornam confiantes quando se sentem desejados, quando veem uma faísca no olhar da parceira, mostrando que ainda existe tesão entre eles. Por mais difícil que isso pareça diante de tanta desmotivação e que criticar pareça muito mais fácil, é preciso encontrar o que é especial nele, despertar o desejo que pode ter ficado soterrado por atitudes broxantes, mas que ainda está lá.

Se você acha que correr pra loja de *lingerie* mais cara da cidade vai fazê-lo olhar de modo diferente pra você e desejá-la, devo alertá-la de que a realidade, na maioria das vezes, não é tão simples assim. Homens dificilmente prestam atenção em *lingerie* e digo mais: há quem prefira calcinhas de malha confortáveis. Então, se usar uma *lingerie* maravilhosa a faz sentir-se bem, vá fundo, mas não faça isso pra agradar ninguém. Não deixe que se sentir bem consigo mesma dependa do olhar de aprovação do outro. Encontre algo que você goste em si mesma e valorize esse ponto. Sobretudo, aprenda a gostar de si mesma. Isso fará com que elogios sejam só um complemento à felicidade que lhe vem de dentro.

Usar fantasias como bombeira, freira ou capetinha pode funcionar, mas também pode te fazer cair na risada. Eu teria um ataque de riso se me visse no espelho com aquelas roupinhas de *sex shop*, mas a possibilidade de criar personagens e comportamentos diferentes pode ser divertido. Cair na risada juntos pode ser divertido, pode aumentar a cumplicidade entre vocês. Cuidado apenas para não se colocar em situações ridículas em tentativas exageradas de agradar o outro.

Vocês podem criar personagens e ambientes. Comprar roupas que você mesma não usaria, talvez uma peruca e uma atitude diferentes podem ser incríveis. Já pensou em se apresentar como puta indo encontrar seu "cliente" em um hotel? Criar ambientes, pedir pra ele te esperar no motel e aparecer caracterizada ou combinar com ele antes. O mesmo vale pra ele. Pedir que ele encarne Mr. Grey, do *50 tons de cinza*, ou qualquer outro personagem que você ache divertido. Criem juntos, dediquem-se juntos.

Combinem de se encontrar num *pub* ou num restaurante e ajam como se não se conhecessem. Façam a dança do acasalamento, paquerem, conversem como se não soubessem nada um do outro.

Na verdade, vocês nem precisam sair de casa se não quiserem. Seu próprio quarto ou sala podem ser funcionais na criação de seus personagens e enredos.

Dê vazão à personagem da vez e mostre seus desejos, faça tudo que gostaria de fazer. Mostre-se como alguém que ele não conhece.

Pompoarismo

O pompoarismo, técnica criada na Índia e aperfeiçoada na Tailândia, também é uma excelente ferramenta para o autoconhecimento. Embora muitas mulheres vejam nela uma opção para enlouquecer os homens, os benefícios que podemos obter com essa prática vão muito além disso. Ela é altamente recomendada por ajudar na prevenção de infecções urinárias, para evitar a dispareunia (dor durante o sexo) e o prolapso (queda) do útero e até contribui para facilitar o parto normal. A prática é positiva não apenas para a vagina pois o aumento do fluxo sanguíneo que ocorre na região pélvica durante os exercícios beneficia as regiões lombar e do baixo ventre, além dos glúteos.

A vagina é composta por vários anéis, mas os movimentos do pompoarismo agem principalmente sobre os três primeiros, que se localizam na altura do períneo, na parte de trás do clitóris e no final da vagina, próximo ao colo do útero. Os exercícios dessa ginástica vaginal consistem em identificar essas regiões e contraí-las individualmente, afim de conscientizar o corpo e ir aplicando mais força gradativamente. Além das contrações, o pompoarismo mostra como movimentar a parede vaginal realizando ondulações, "Como se fosse uma cobrinha", explica Lu Riva, que é uma das maiores especialistas do tema no Brasil.

Julgando a curta duração e a superficialidade de *workshops* de pompoarismo (visto que, para desenvolver a prática, é preciso treinar bastante), ela criou uma academia voltada para a prática. A proposta dela é treinar de uma a duas vezes por semana, em aulas de 50 minutos. São três módulos com duração de 6 meses cada: básico, intermediário e avançado, nos quais as mulheres executam exercícios em aula e complementam com a lição de casa. O importante, segundo a especialista, é a constância.

Alguns exercícios básicos podem ser realizados em casa mesmo, mas esqueça aquela história de segurar o xixi. Fazer isso constantemente pode até causar infecção urinária. Melhor treinar de bexiga vazia mesmo. Um dos exercícios mais simples é sentar-se em frente a um espelho e, com as pernas abertas, observar a boceta (o que eu sugiro fortemente que você faça, mesmo que não seja uma entusiasta do pompoarismo), tocá-la sem medo, introduzir um dedo lá dentro e tentar contrair e relaxar a querida, enquanto sente os movimentos do dedo.

É possível usar também o colar tailandês, que é um cordão com 5 bolinhas bem leves (de efeito diferente daquele que tem duas bolinhas mais pesadas e é mais indicado pra quem já conhece as artes do pompoarismo de longa data). Você pode introduzir todas as bolinhas – fique tranquila porque cabe, sim – e tentar caminhar um pouco assim, mantendo a vagina contraída. Vale o desafio.

Outra boa notícia, é que você pode treinar enquanto realiza outras atividades. É só fazer movimentos como se estivesse apertando a vagina. Pode repetir várias vezes e também pode praticar durante a penetração, muitas de nós praticamos intuitivamente. Dá aquele orgulho de conseguir controlar ainda melhor essa maravilha que é a boceta.

Pra quem quiser virar *expert* no assunto, vale visitar o site da Lu Pompoar, que está lá no Glossário do prazer.

Zonas erógenas

O que a maioria das pessoas não sabe, ou não parou pra pensar, é que temos outras zonas erógenas tão excitantes quanto as óbvias e que elas dão prazer tanto para o homem quanto para a mulher. É preciso ter em mente que sexo é poesia, é se inebriar com o corpo do outro, degustar toda a sua extensão, descobrir cada pedacinho de possibilidade.

Não é novidade que a nuca e o pescoço são áreas de extrema sensibilidade: nas duas, vale beijar, morder, arranhar, sussurrar, lamber e até mesmo a respiração, por si só, provoca nelas um arrepio gostoso. Adicione um olhar de desejo, beijos nos ombros e BANG! Tesão na certa. Você deve estar lendo isso e pensando "gente, mas isso é óbvio". Pode até ser óbvio pra você, mas qual foi a última vez que tocou seu parceiro ou foi tocada assim? Em relacionamentos mais longos, às vezes, deixamos de dar atenção a pequenos detalhes e acionamos o automático das rapidinhas. Essa é a atenção de que muitas vezes sentimos falta, do olho no olho, de um beijo ou um toque carinhoso e *sexy*.

Lembro de um amigo que foi cadastrar as digitais para tirar o visto americano. Como de praxe, a moça segurou seus dedos e rolou-os sobre o visor para registrá-los. Ele disse que estava tão carente, que aquele toque o deixou a ponto de quase convidar a moça para uns drinques. A sensação dele teve tudo a ver com a sensibilidade que as mãos possuem. Lambidas entre os dedos, chupá-los e beijá-los funcionam muito bem para o despertar do prazer.

A barriga também é uma área interessante e mesmo que você não esteja 100% satisfeita com a sua, receber aquele aperto forte nas laterais pode ser uma delícia. A parte interna da coxa, a dobrinha do bumbum e atrás dos joelhos são áreas muito sensíveis, que podem ser lambidas, mordidas de leve, tocadas com delicadeza.

Os pés são fetiche para muitos homens. Juro, quase todos os meus amigos olham para os pés das mulheres. Receber massagem, beijos e lambidas nos pés pode ser prazeroso, só é preciso ter cuidado para o toque não virar cócegas. O mesmo vale para os homens. Justamente por ser algo que eles não esperam que você faça, uma massagem com creme ou esfoliante pode ser bem recebida por eles, além de um incentivo para que frequentem uma podóloga.

Se você está no nível *advanced*, pode tentar algo mais inusitado, especialmente se tem bastante intimidade com o eleito. Lamber-lhe as axilas, por exemplo, é algo delicioso. Calma, não precisa ser depois daquele looooongo dia de trabalho ou de calor escaldante. Experimente fazer isso depois de um banho quente delicioso, mas esqueça o desodorante, a não ser que queira deixá-lo com a boca amarrada (bem, isso vale até como manobra de vingança). Ver que alguém nos deseja tanto a ponto de nos lamber inteiras nos faz sentir desejadas e a nossa libido está inteiramente ligada a esse fato.

O mesmo vale para o cu. Por ser uma área cheia de vasos sanguíneos, oferece muita sensibilidade tanto para homens quanto para mulheres. Se o cara for avesso à depilação, você pode sugerir que ele dê uma leve aparada ou você mesma pode ajudá-lo, de um jeito divertido e levando na esportiva. Sexo não precisa ser supersério, tem que ser divertido e descontraído.

Aí você me pergunta, "Mas e se ele não gostar? Como posso saber que ele está receptivo a carinhos lá atrás?" Você pode dar aquela escorregadinha com a língua enquanto faz sexo oral ou passar as mãos de leve enquanto o masturba. Observe a reação, sinta como o corpo dele reage. Se ele estiver aberto – metafórica e literalmente – se abrirá pra você, relaxando, permitindo que você avance. Se ele se mostrar incomodado, aborte a missão.

Sexo oral

Uma das coisas mais deliciosas que se pode receber e fazer é um oral bem feito. Eu adoraria poder explicar aos homens como se aprimorar nessa arte, porque acho injusto gastarmos tanto tempo lendo sobre como fazer o boquete perfeito quando 1/3 dos homens não faz oral na parceira porque tem nojo. Sexo e nojo não combinam muito. Desde as civilizações antigas, fazer sexo oral na parceira não é visto com bons olhos por colocar o homem "a serviço da mulher", inferiorizando-o.

Muitas mulheres não gostam de fazer oral no parceiro porque não se sentem à vontade. Não somos obrigadas a fazer aquilo de que não gostamos, então se isso a fere e você o faz única e exclusivamente para agradar o cara, não faça. Quando eu aprendi a dizer não para o que não gostava de fazer, passei a me sentir dona das minhas vontades e me magoei muito menos, por evitar situações que antes eu aceitava só por achar que não podia negar.

Agora, se você tem vontade de experimentar e descobrir novas formas para proporcionar prazer aos dois, vale a pena adotar novas técnicas. Proporcionar prazer pode ser tão bom quanto receber. É sempre uma via de mão dupla, desde que você queira tentar e não se sinta obrigada.

Além razões culturais, o nojo também pode ter causas físicas: pelos, cheiro e gosto são as justificativas mais comuns para quem não se sente tão atraída (o) pela genitália alheia. Não há mal nenhum em sugerir que o gato ou a gata dê uma aparadinha nos pelos, e o mesmo vale pra você. Não estou dizendo que apoio a ditadura da depilação, mas aparar os pelos pode ajudar. Afinal, fica mais difícil chupar um Chewbacca. O cheiro pode ser resolvido com um banho pré-chupeta. Se você quiser se certificar de que ele lavou tudo com dedicação, pode tomar um banho com ele, ensaboá-lo, besuntá-lo com um daqueles óleos de banho. Faça tudo de maneira divertida e comece a se excitar ali mesmo. Essa é uma técnica muito usada pelas putas quando o cara não está ok, mas qualquer ser humano adora ser cuidado, receber carinho, brincadeiras no banho, além de ser uma surpresa deliciosa ver você entrando nua pelo box.

Por fim, você pode usar algum gel específico para sexo oral. Além de causar diferentes sensações, eles têm sabor e cheiro que disfarçam possíveis odores incômodos. É legal ir a uma *sex shop* e testá-los nas costas das mãos para sentir o sabor. Tem produtos com gosto de formiga que dão vontade de cuspir. Melhor não correr esse risco na hora H. Gosto muito de um produto chamado *Vibration*, da Intt, pois ele dá uma sensação de vibração, esquenta, tem vários sabores (vou sempre no de menta porque acho mais seguro). Não é um chocolate maravilhoso que você vai amar lamber, mas o gosto é ok e sua boca vai vibrar junto com o pau ou qualquer outra coisa que estiver chupando. Se usar logo antes da penetração, sua boceta vai latejar também e usar esse gel no clitóris é uma bênção.

Uma boa notícia é que um boquete surpresa pode ser uma boa opção para quebrar a rotina e esse é um presente muito fácil de preparar. É só cair de boca, e se ele for minimamente educado, retribuirá a gentileza. Caso ele não seja tão atento, você pode anunciar, depois de ele gozar, que chegou a sua vez. Os dois merecem prazer. Quem dá, também tem de receber. Vale lembrar que à medida que vocês desenvolvem mais intimidade, a tendência é o sexo ser cada vez melhor, porque os parceiros vão conhecendo os gostos um do outro e aprendendo o que funciona. Esse processo é gradual.

Para tudo funcionar, o fundamental é sempre o próprio tesão. Vai ajudar muito se você estiver excitada diante do pau ou boceta com que você pretende se deliciar. Cheire esse pau ou boceta, procure nele o cheiro de pau e de boceta, não procure neles o cheiro de tutti-frutti porque você não vai encontrar. Sinta tesão por estar enfiando seu nariz, sua boca, sua língua e seu rosto numa região tão sensível e delicada. Se lambuze, se permita ficar excitada e até quase gozar – por que não? – ao chupar outra pessoa. Se alimente do gozo do outro enquanto você sente a excitação úmida entre suas próprias pernas. Se você se libertar do nojo, encontrará prazer no sexo oral, desejará engolir cada gota do gozo alheio.

Uma grande dúvida de muitas mulheres é engolir ou não engolir o esperma. Embora os homens adorem e tenham aquela sensação de que você está entregue, sorvendo cada gota do seu líquido sagrado, não acho que isso seja fundamental, especialmente se a faz querer vomitar. Geralmente, o gosto tem a ver com a alimentação, por isso cada um tem um sabor bem particular: pode ser mais amargo, mais doce, ácido, etc. Infelizmente, a maior preocupação que se deve ter é com as DSTs. Se você tem um parceiro fixo e uma relação de muita confiança, pode pensar se quer dispensar o preservativo, mas com parceiros eventuais, tenha cuidado. Não estou falando só de Aids, sífilis e gonorréia, não, mas de doenças silenciosas como a clamídia e o HPV. Michael Douglas e Bruce Dickinson foram diagnosticados com câncer de boca recentemente, em decorrência do HPV.

Por outro lado, se tem vontade de se dar esse gostinho, uma boa dica é colocar o pau bem perto da garganta e engolir rápido, assim o esperma passa por menos papilas gustativas e você não sente muito o gosto. Ou, deixe que ele goze na sua boca, mas levante-se sutilmente e cuspa no banheiro ou simplesmente pegue uma camiseta suja e cuspa nela ou, ainda, abra a boca e deixe escorrer em cima do pau dele, delicadamente. Outra possibilidade, se você não curte mesmo engolir, é tirar a boca quando ele estiver prestes a gozar e continuar masturbando-o. Ele pode gozar nos seus peitos ou no seu rosto, se você gostar.

Quando decidir cair de boca, o mais importante é ter paciência. Alguns homens chegam lá rapidinho, mas outros demoram um pouco mais, assim como nós.

Então não vale ficar apressando-o pra gozar logo. Melhor investir em técnicas que otimizem o processo e ter alternativas para variar quando perceber que a coisa não está funcionando.

A primeira dica é manter contato visual. Eles gostam disso e é bom pra ver a reação dele, ela é um termômetro pra você saber se está no caminho certo. Não há mal algum em perguntar se ele está gostando, ou como ele prefere e isso vale mesmo para aqueles que estão juntos há algum tempo. Nunca é tarde pra aprender um pouco mais sobre a pessoa com quem você está.

Cuidado com os dentes. Pau e boceta são megassensíveis e "acidentes" nessa área essa são queixas frequentes. Tente deixar a vergonha de lado e faça boca de velhinha banguela diante de um pau e boca molinha e úmida diante de uma boceta.

Não tenha medo de segurar o pau. Ele é seu amigo, mas você precisa ser firme. Nada de segurar de um jeito molenga, nem de estrangular o menino. Faça pressão leve, suficiente pra que ele não se sinta desamparado, nem pressionado demais. Tente manter um ritmo e ir aumentando gradativamente. Sinta o clima e use esse pau como achar conveniente: vale lamber, chupar, sugar, cuspir. Não existe técnica infalível, nem certo ou errado. Cada pessoa sente os estímulos de um jeito e isso é o melhor de tudo: ter um mundo de possibilidades à sua frente. Então, siga seu *feeling* e vá fazendo o que lhe dá vontade. Não fique tão preocupada em seguir à risca as minhas sugestões ou o caderno lacrado da revista *Nova*. Nada disso é garantia de sucesso.

Lembro que quando fiz meu primeiro boquete, esforcei-me para lembrar todos os passos do *Guia lacrado do boquete* e foi um desastre. O cara me tirou logo dali dizendo que eu estava tentando arrancar o pau dele. Foi tudo esquisito. A partir desse episódio, passei a seguir meus instintos e ouvir as sugestões da pessoa com quem estou transando. Temos que ser humildes nessa hora e entender que só dá pra saber como cada um gosta tendo paciência de ouvir. E o maior segredo, eu já adianto, é a prática.

Você pode tentar vários jeitos, mas com calma, ir vendo o que funciona. Não precisa testar 70 técnicas num boquete só. Dê tempo para que a cobaia entenda o que está acontecendo, preste atenção na reação dele e vá avançando.

Você pode começar pelo básico: lamber o pau tipo um sorvete, olhando fixamente pra ele, pode também passar a língua em movimentos circulares por todo o pau e dar leves sugadas na cabeça. Aproveite para explorar sua boca com o pau dele, passe no lado interno das bochechas, debaixo da língua, não tenha medo de tentar coisas diferentes que podem render sensações muito excitantes. Essas são as manobras mais fáceis.

Um dos jeitos mais comuns e eficazes é concentrar a boca na cabeça do pau – chupando e lambendo, enquanto bate uma punheta. Quando chegar na cabeça do pau, faça um movimento circular com a mão, como se estivesse girando algo. Importante que tudo esteja muito úmido, com lubrificante ou com sua própria saliva. Esses movimentos podem começar lentos e aumentarem gradativamente. Se o pau estiver meia-bomba, você pode tentar abocanhá-lo inteiro e sugá-lo de maneira mais intensa, alternando com apertadinhas com a mão, enquanto lambe o saco. Não precisa chegar à velocidade máxima logo de cara. Dê tempo para que ele se excite, divirta-se com a brincadeira.

Outra possibilidade, pra quem tem boa coordenação motora é sugar a cabeça e colocar uma mão logo abaixo da boca, segurando o pau e fazendo movimentos de sobe e desce junto com a boca. Quando estiver subindo, vire lentamente a mão, torcendo delicadamente a cabeça do pau e acompanhe o movimento girando a cabeça junto com a mão. Se ficar com a boca cansada, não se desespere. Varie os movimentos. Continue masturbando enquanto dá leves lambidas, ou esfregue os lábios delicadamente na cabeça do pau, aproveitando para descansar.

Lembra do conselho de nunca raspar a pele dele com seus dentes? Você pode otimizar essa dica fazendo boca de velhinha e deixando o cara meter na sua boca, mas pra isso, precisa estar mais acostumada a engolir tudo, pra não engasgar. De todo modo, você pode controlar os movimentos segurando o quadril dele e sugerindo que vá aos poucos.

Para as mais experientes ou desafiadoras, vale engolir o pau até a base e contrair a garganta, como se fosse engolir o pau. Essa pressão vai agir sobre a glande e proporcionará muito prazer a ele. Você pode tentar lamber as bolas quando estiver com o pau todo na boca. Isso é quase um *deep throat* (garganta profunda).

As mulheres me perguntam o quanto é importante engolir um pau inteiro. A técnica ficou superestimada com o filme da Linda Lovelace, o *Garganta profunda*, de 1972, e em um universo de filmes que perpetuaram a prática no mundo pornô. Sinceramente, não acho essencial, especialmente porque a sensação causada chega, muitas vezes, bem perto da ânsia de vômito e eu não consigo relacionar vômito a nada prazeroso. Minha intolerância aumentou ainda mais depois de ver vários documentários sobre a indústria pornô e os cultuados *facial abuses*, uma prática que consiste em foder a boca da menina com o pau até ela vomitar de verdade. Um estupro facial MESMO.

Se você se sente bem com a técnica, acha divertido ou quer brincar de dominação, vá em frente. Pratique com alguém que tenha sensibilidade e em quem você confie. Intimidade é tudo nessas horas. A grande sacada para conseguir desempenhar bem essa técnica é respirar com calma e fazer o movimento de engolir algo. É importante buscar uma posição que facilite a entrada do pau. Um 69 funciona bem, especialmente porque você pode tirar a cabeça rapidamente se sentir vontade de vomitar. Abra bem a boca, ponha a língua pra fora e coloque o pau lá no fundo, até onde conseguir. Tente não se mexer, fique paradinha por alguns segundos para se acostumar com o invasor. Quando relaxar, vá introduzindo aos poucos. Se sentir vontade de vomitar, pare, respire fundo e tente se acalmar. Quando estiver mais tranquila, faça movimentos como se fosse engolir e comece a tentar o entra e sai, com cuidado, para não causar acidentes. Você precisa saber que existe um limite na garganta que, quando ultrapassado, pode estimular a sensação de vômito. Será preciso controlar isso, estar disposta a sentir seus olhos lacrimejarem e, talvez até, uma sensação de baba espessa como um pré-vômito.

Algumas mulheres têm bastante facilidade para executar a técnica. Sasha Grey, inclusive, diz adorar e ter feito isso naturalmente com seus parceiros, antes mesmo de se tornar atriz pornô. Se você não for como ela, não se sinta mal e nem se force só pra fazer a felicidade de um egoísta. Existe uma infinidade de coisas deliciosas para fazer a dois e que não são tão agressivas. Engolir inteiro não é essencial, o essencial é chupar gostoso e gostando de fazê-lo. Engolir funciona como um show a mais, uma exibição de habilidades especiais, mas não é essencial, nem tornará o sexo oral entre vocês especial.

Um ponto que considero fundamental do oral é não ignorar as bolas. Elas não são mero enfeite natalino, acredite. Normalmente, eles sentem bastante prazer nessa região, mas é preciso cuidado pra não apertá-las demais nem deslocar seu "recheio". Basta fazer um carinho sutil com a ponta dos dedos. Enquanto estiver masturbando-o, faça um carinho nas bolas e aproveite pra lamber o saco durante o oral. Explore o corpo do seu parceiro. Beije, cheire e lamba as mais profundas e secretas partes. Se for impossível, dada a extensão da "Mata Atlântica", pode pedir pra ele dar aquela aparadinha.

Outra possibilidade é o *tea bag,* uma técnica em que você fica deitada e o parceiro coloca o saco na sua boca, tipo o saquinho de chá na xícara. É só abrir bem a boca e lambê-lo devagar, sem fazer muita pressão.

Uma área constantemente ignorada é o períneo, uma das mais prazerosas para o homem por ser altamente irrigada por vasos sanguíneos. Aproveite para lambê-la e passar os dedos suavemente nessa região.

Falemos agora do subestimado e oprimido cu. A maioria dos homens e das mulheres tem um grande problema em dizer que gosta de estímulos *behind the scenes*, mas eu posso dizer com segurança, por tudo o que vivi, que há uma parcela significativa de homens e de mulheres que sente prazer com estímulos anais. Há quem realmente não goste, mas eu acredito que muitos simplesmente não aceitam, bloqueiam e ponto.

Infelizmente, talvez ele nunca fale abertamente que gosta disso e prefira procurar uma puta para realizar tais vontades, por isso, é fundamental que vocês tenham abertura para o diálogo, que possam falar sobre as fantasias e tratar as peculiaridades de cada um com naturalidade. Mas, para haver diálogo, você também precisa se despir dos seus preconceitos, pois o fato de gostar de dedos ou brinquedos na região anal não significará que seu parceiro seja *gay*. Se excitar com algo que é inerentemente excitante torna alguém alguma coisa? Qual a importância de categorizar as pessoas em relação a seus gostos? É perfeitamente normal que uma região tão sensível, ainda mais pela proximidade com a próstata, lhes dê prazer.

Você pode descobrir se ele gosta, ampliando as carícias e lambidas para essa região, quando estiver fazendo oral nele. Pode ser que ele estranhe um pouco (especialmente se vocês nunca fizeram nada nem perto disso), mas é legal mostrar a ele que você quer descobrir novos toques, novas experiências. Você pode sugerir que ele faça com você e depois dizer que quer retribuir. É maravilhoso ter um parceiro que se abre para o prazer, que se permite descobrir novas sensações e que não liga para convenções.

Sentir prazer anal não torna seu parceiro *gay*, nem o inferioriza. É apenas um estímulo, como qualquer outro. O ideal é tratar os prazeres com naturalidade.

Sexo anal

Se você não entende como diabos alguém pode querer dar o cu por livre e espontânea vontade, eu te digo que há quem goze dando e que não é pouca gente, viu?

A verdade é que oferecer seu buraco mágico realmente pode ser muito prazeroso, porque essa é uma área extremamente sensível. Prova disso é que quando ainda não haviam inventado o preservativo, era comum que as mulheres praticassem sexo anal, afirmando que, além de terem prazer, evitavam gravidezes indesejadas.

Usar os dedinhos é muito legal pra começar, mas é primordial usar lubrificante e aparar as unhas, pra evitar machucados. Peça para o parceiro colocar um dedinho devagar e levemente curvado em direção ao cóccix, movimentando-o aos poucos. O melhor momento pra receber uma dedadinha é quando estiver prestes a gozar. O fato de estar ultraexcitada e relaxada facilita tudo. Para você não ficar tão tensa, vale ter o clitóris estimulado sempre que tocar o cu. Outra informação quase lógica é que o cu relaxa em posições igualmente boas para fazer cocô ou soltar pum. Vibradores são bem-vindos também. O We Vibe, que já mencionei, pode ser uma opção fantástica para estimular a boceta e o cu ao mesmo tempo.

Se você tem um relacionamento, vale ficar nessa preparação, com dedinhos ou brinquedos menores por alguns dias, pra você relaxar aos poucos e se adaptar gradativamente. Existem algumas pomadas indicadas para essa finalidade, mas sinceramente, acho que o melhor a usar é um bom lubrificante aliado ao relaxamento do seu corpo. Xilocaína, que muita gente acha a salvação, pode anestesiá-la a ponto de você não sentir nada, inclusive não controlar um possível reflexo de cocô. Melhor, então, evitá-la para esse fim.

Quando a grande noite chegar e você decidir se abrir para o novo, você pode simplesmente deixar rolar, não se programar, deixar os desejos do seu corpo guiá-la e se permitir dar o cu e pronto. Como você também pode criar um clima, tomar um vinho, colocar uma música. Faça do modo mais confortável e mais natural para você.

Caprichem nas preliminares, sugira que ele beije o seu corpo todo, peça pra ele te tocar em lugares inusitados. Quando o nível de excitação for alto, ele pode te masturbar ou chupar enquanto estimula lá atrás. Como nós, mulheres, podemos gozar várias vezes sem nenhum prejuízo, talvez seja bom você ter um orgasminho antes pra ajudá-la a relaxar.

Quando estiver pronta, você pode oferecer seu cu para ele. Várias posições são indicadas. De ladinho, de bruços, com o quadril levemente inclinado (essa é a minha preferida) ou deitada de barriga pra cima e ele de frente. Há quem diga que de quatro não é muito indicado por dar controle total ao parceiro, mas eu discordo. Você pode colocar uma mão para atrás e empurrar o quadril dele conforme vai se sentindo à vontade. Além disso, esperamos que nossos parceiros tenham um mínimo de sensibilidade para cuidar de nosso corpo com carinho e para saber que esse é um momento importante e delicado pra nós. Ele deve saber que, se estragar a brincadeira, não vai ter mais...

Tenho uma amiga que gosta de segurar no pau do cara e ir guiando com as mãos, enfiando o pau na velocidade que ela controlar, direcionando-o de maneira confortável para ela. Lubrifique bem a cabeça do pau. Segure firme e enfie bem no meio do seu cu. Não deixe que o pau bata nas laterais ou te dê qualquer impacto errado. A dor muscular pode ser bem forte. Mas, a boa notícia é que se você acertar a maneira do pau entrar, ele pode foder você com a intensidade que desejar que não vai doer mais. Pelo contrário, será prazeroso.

Tenha sempre lubrificante ao lado e não hesite em usá-lo. Secou, coloque mais. A premissa básica é usar camisinha. Há quem adore a sensação de gozar dentro e ver a porra saindo depois, o famoso *bareback,* e se você quiser realizar esse fetiche, é um direito seu. Há quem ame dar o cu por se sentir comida pelos três orifícios sexuais: boca, boceta e cu. Há quem ame dar o cu porque ele demora muito mais tempo para voltar ao estado normal se comparado aos anéis da boceta. Há quem ame a sensação que permanece até horas depois de a transa ter acabado, aquela sensação de foda em seu corpo. Há quem ame, inclusive, lidar com os restinhos de porra que ficam no cu e vão saindo ao longo do dia. O que você gosta ou deixa de gostar, somente saberá experimentando. Apenas não esqueça que o ânus é o ambiente natural de uma série de bactérias que podem contaminar sua boca e sua boceta, então, ante de voltar a meter esse pau em outro lugar, limpe-o ou troque a camisinha.

Esteja excitada o suficiente para que seu corpo deseje ser penetrado por trás. Experimente dedos úmidos e lambidas no cu. Segure na mão dele e mostre a ele que você quer sentir pressão no cu enquanto ele penetra sua vagina com o pau. Se dá vontade de fazer cocô? Às vezes pode parecer que sim. Sinta seu corpo. Seu intestino está bem nesse dia? Seu reto está livre? Quando foi a última vez que você fez cocô? É um bom momento para sentir uma pressão no ânus?

Se você sente medo de dor ou do que você possa sentir, volto ao meu primeiro conselho: toque-se primeiro. Você mesma e não o seu parceiro. Coloque o seu dedo ou um brinquedo (vibrador, plug, escova de dentes) e sinta as coisas, coloque aos poucos pra testar sua elasticidade e entender como seu corpo funciona. Para isso, use um lubrificante e, se preferir, coloque uma camisinha no seu dedo ou no acessório eleito.

"Mas, Lola, e se sair cocô? "

Bem, primeiro vamos deixar algo claro. Qual a função principal do cu? Expelir cocô, certo? Todos sabemos disso, de acordo? Consequentemente, você e seu parceiro já saberão que esse não é o caminho das flores. Pode ser um caminho de muito prazer e desejo, mas de flores, minha amiga, não é. Todos precisamos ter isso em mente para saber que odores e fluidos podem sair dali e não precisamos morrer por causa disso. Podemos nos levantar e tomar um banho juntos. Afinal, todo mundo faz cocô, não estamos falando de uma atividade paranormal. Aliás, muita gente tem tesão quando sente cheiro de cu.

De todo modo, sei que esse continua sendo um medo muito comum entre mulheres que decidem tentar. Para que você fique mais tranquila, existem vários jeitos de dar aquela limpadinha. Embora o pessoal adore o chuveirinho do banheiro, a pressão desse equipamento não é lá essas coisas e ter que colocar o caninho lá dentro pode machucar. Aquela mangueirinha, a ducha higiênica, que eventualmente acompanha vasos sanitários pode ser uma boa pedida. Você também pode comprar uma ducha vaginal e destiná-la a esse objetivo. Passe um pouquinho de lubrificante antes, pra não se machucar, coloque um pouco de água morna (não pode ser quente demais pra não fazer uma sopa com seus intestinos) e insira lá atrás.

Também é possível comprar na farmácia um kit para enema, cuja finalidade é a mesma. Esse kit traz as informações de que você necessita e uma válvula pela qual você regula a passagem de água. Assim, você pode introduzir o cabo com calma e só depois permitir que o liquido entre.

Tendo escolhido sua técnica favorita, fique levemente curvada para que a solução entre mais fácil. Se imaginar de quatro com uma mangueira enfiada no cu não é lindo, mas é eficaz. Quando sentir que está cheia de água e começar a ter vontade de usar o banheiro, é só sentar no vaso e *voilà*! Repita até a água sair limpinha.

Há quem goste de usar laxantes, mas acho que dá muito trabalho ficar escravo do banheiro só pra poder dar o cu. Por fim, há quem use apenas os métodos da natureza, fazendo cocô antes de transar e comendo coisas leves durante o dia. O importante é você se sentir confortável e não virar escrava da chuca. Mas ter de transar com hora marcada é meio chato e, muitas vezes, a coisa simplesmente acontece e você não tem muito o que fazer, a não ser que carregue um kit enema na bolsa. Se se sentir confortável e preparada, deixe rolar. Conheça e aprenda a controlar seu corpo, esse é o melhor caminho. Talvez você encontre respostas na yoga.

Fase da limpeza concluída, é hora de partir para as preliminares. Quando você decide liberar o cálice sagrado, lembre-se de que não precisa ir com toda a sede ao pote. É importante ter paciência, cuidado e delicadeza.

Posições possíveis – o simples bem executado

Se você acha que decorar o *Kama Sutra* e aplicar todas as posições ao seu relacionamento vai fazer tudo ser incrível, tenho que alertá-la que não é bem por aí. É claro que você pode se inspirar, mas o que funciona mesmo são posições menos complicadas, porém bem executadas. De que adianta fazer a bailarina giratória de ponta-cabeça se você vai ficar tão tensa que nem vai conseguir gozar? Só pra impressionar o cara? Provavelmente ele estará tão preocupado quanto você em continuar vivo e com os ossos intactos.

Infelizmente, os filmes pornôs têm grande parcela de culpa no imaginário popular, pois disseminam a ideia de que quanto mais acrobáticas e mais variadas forem as posições, mais foda o cara vai ser. Essa conversa me fez lembrar de um garoto de 18 anos, que me procurou para que eu tirasse a virgindade dele, dizendo que gostaria que o fizesse na posição flor de lótus. Oi?

Existem sim as posições preferidas, especiais, porque colocam nossos corpos numa posição de encaixe quase perfeito. Uma das minhas preferidas e que surpreende os homens é a **cavalgada invertida**. Ele se deita e você senta nele como se fosse cavalgar, mas vira de costas. Além de dar a ele uma visão paradisíaca da sua bunda e o poder de fazer uns carinhos lá, se você gostar, é bacana pra você estimular de leve o saco dele e esfregar seu clitóris enquanto se movimenta. Essa posição é legal por vários motivos: primeiro, porque os homens ficam surpresos e extasiados (eles não costumam esperar que as mulheres tenham atitude) e por mais que eles digam que gostam de comandar na cama, uma mulher que assume o controle, a despeito do jeito mandão dele, é um desafio e pode ser uma novidade muito bem-vinda. Já ouvi vários homens dizendo que não gostavam dessa posição, mas que, quando bem executada, ela é uma das mais excitantes. O segredo para chegar lá é manter o ritmo e ir aumentando a intensidade. Se você cansar do sobe e desce, pode ficar rebolando e se esfregando. Experimente diferentes formas de contração da sua pelve e use anéis vaginais. Ele também pode te ajudar, segurando sua cintura e fazendo os movimentos com você.

Transar **abraçadinho** envolve muito carinho e entrega. Gosto especialmente dessa conexão do olho no olho e do fato de poder beijar o tempo todo. O beijo é uma das coisas mais excitantes em uma transa, o verdadeiro gatilho da excitação. Ele se senta e cruza as pernas tipo indiozinho e você se senta de frente, enlaçando-o com suas pernas. Os dois podem se abraçar, beijar ombros, nuca, sussurrar safadezas e confessar fantasias. Enquanto você mexe o quadril, ele te ajuda com as mãos.

Transar **de ladinho** é quase unanimidade, especialmente nos dias de preguiça, mas você pode variar um pouco e tornar tudo mais interessante. Você se deita de lado, apoia uma das pernas no ombro dele e ele entra de frente pra sua boceta, com os joelhos apoiados na cama. Essa posição funciona até para aqueles que não são superprivilegiados pela natureza, pois a penetração vai bem fundo, diferentemente do ladinho convencional.

Um jeito mais radical de fazer o **papai e mamãe** é você ficar deitada, com o quadril um pouco mais baixo do que o quadril do seu parceiro, que estará em pé, na sua frente. Segurando você pelas pernas, ele vai levantar um pouco seu quadril para o encaixe ser perfeito. Você também pode colocar travesseiros embaixo da sua bunda para que te dê uma inclinação perfeita, de modo que o pau possa massagear melhor a parede de terminações nervosas onde se localiza o clitóris. Essa é uma das posições que privilegiam o ponto G, além de permitir que vocês mantenham contato visual o tempo todo.

É claro que você pode adaptar essas posições ou criar seu próprio guia. O importante é se sentir confortável e com tesão. No Glossário do prazer você encontrará mais algumas sugestões de posições, inclusive para relações entre duas mulheres.

O prazer em suas mãos

A superestimada punheta é um bom artifício para aqueles dias em que você não está tão a fim de desempenhar uma performance, quer poupar os seus orifícios, ou se dar ao prazer de fazê-lo gozar sem sequer tirar sua própria roupa. Assim como você pode sugerir o mesmo nos dias em ele que não estiver tão a fim de transar, mas quiser só uma siririca pra relaxar, a lei da gratidão deve funcionar sempre.

Para o deslizamento perfeito, você pode usar lubrificante ou saliva. Eles gostam muito de ver a saliva escorrendo pelo pau e eu acho uma solução excitante e rápida porque economiza o tempo de pegar o lubrificante e tudo mais, já que sua boca está por perto mesmo. Cuspir em sua própria mão, passar no pau e depois olhar com real tesão para seu parceiro pode levar vocês dois a um estado de excitação bem alto.

"Lola, mas me fala como fazer!"

Você pode começar segurando o pau, dando umas apertadinhas pra ele ir acordando e usar o poder do beijo na boca pra despertar os sentidos. Comece devagar pra não cansar as mãos muito rápido e aumente a intensidade gradativamente.

Não esqueça as bolas. Com uma mão, pode segurá-las de leve e com a outra acariciar o pau. As posições mais confortáveis são: deitada de frente, paralela a ele; deitada atrás dele, tipo conchinha e de frente um para o outro, sentados, mas vocês podem descobrir o jeito que mais lhes agrada. É claro: vale também uma posição que facilite trocar as mãos quando você estiver cansada. Ser ambidestra ajuda horrores nessa hora.

Quando o pau estiver duro, concentre-se mais na metade de cima, tomando cuidado com o freio, que é uma espécie de prega de pele que fica na parte de baixo da glande e faz a ligação com a pele do prepúcio. Movimentos muito bruscos ali podem machucar.

O melhor sinal de que tudo está indo bem é, como eu já disse, prestar atenção nas reações dele. As expressões faciais, o jeito como o corpo se move, os gemidos. Conforme a excitação for aumentando, concentre uma mão na metade do pau, fazendo movimentos de vaivém e quando chegar na cabeça gire a mão delicadamente, como se fosse girar uma maçaneta, focando o polegar no freio e o indicador na cabeça do cogumelo, desenvolvendo uma espécie de movimento circular.

Esses momentos de extrema intimidade e tesão são ótimos para falar sobre fantasias e desejos e instigar o outro a falar, sem muita racionalização. Falar sacanagem, manter o ritmo e ir aumentando a velocidade o levarão ao auge. Lembre-se de que, após o gozo, a cabeça do pau fica muito sensível e é melhor deixá-la descansar.

BDSM

Você precisa saber que dificilmente as pessoas são 100% bem resolvidas sexualmente. Se ouvir alguém dizer isso, desconfie. Até eu, que vivi o sexo intensamente em suas diversas variações, tenho minhas limitações. O que quero dizer com isso, é que não precisamos seguir manuais, nem fazer o que a atriz pornô faz, nem o que sua melhor amiga faz, porque apenas nós podemos descobrir do que realmente gostamos e encontrar nosso caminho para ter prazer. E isso é lindo. É lindo sermos únicos, é lindo ter nossos gostos e preferências e tudo bem não gostar de tudo, ou não querer fazer tudo.

Por outro lado, se você tem dúvidas, vontades e curiosidades, vá em frente, abra-se para um mundo novo e experimente. Só assim poderemos saber como nos sentimos. Se você tem um parceiro com quem pode compartilhar esses desejos, melhor ainda. Afinal, parceria e cumplicidade envolvem poder compartilhar com o outro o que há de mais íntimo em você.

Nesse momento da literatura erótica, vivemos a explosão do *50 tons de cinza,* livro que já vendeu mais de cem milhões de cópias em todo o mundo. Com ele, uma possibilidade do sexo que sempre existiu, mas que permanecia oculta para muitos, ganhou fôlego: o BDSM. A sigla – que quer dizer *Bondage* (bandagem, amarração), Disciplina, Dominação, Submissão, Sadismo e Masoquismo –, recebeu proporções mais açucaradas no livro, é claro, mas existem infinitas possibilidades para ela.

Existem muitas denominações e classificações dentro desse universo e fetiches que você nem imagina. Sapatos e roupas de látex são bastante comuns, mas há fetiches mais específicos, como a fixação por golas altas, pessoas engessadas, cornos, *crossdressers*... enfim, esse é um mundo labiríntico. O site *www.fetlife.com* é uma rede social voltada para esse público que oferece uma perspectiva ampla e interessante sobre o tema.

Há quem goste de dominar (dom/*domme*) e os que gostam de ser dominados (sub/*slave*), sem que isso signifique, necessariamente, levar múltiplas chicotadas. Existem também os que gostam tanto de dominar quanto de ser dominados, os *switchers*. As relações no BDSM são marcadas por jogos de poder. Os participantes desempenham um papel, agem de determinada forma e realizam certas práticas. Quem define as regras são os próprios participantes e eles costumar escolher uma *safeword* (senha), para o caso de algo passar dos limites. Isso porque, nesse contexto, nem sempre "não" quer dizer "não", pois pode representar apenas uma brincadeira de resistência. Então, melhor usar uma senha para sinalizar o não, algo como "guarda-chuva" ou "milho verde", palavras que dificilmente seriam usadas nesse contexto. A *safeword* remete à premissa básica do BDSM, que é o SSC – São, Seguro e Consensual. Todas as práticas preveem a segurança e o acordo entre as partes.

Para brincar, você não precisa estudar todas as estratégias e se tornar *expert* em BDSM. Algumas práticas são instintivas. Vendar os olhos, por exemplo, é, ao mesmo tempo, uma privação e um convite a estimular os outros sentidos. O parceiro fica à mercê dos seus caprichos e você pode se divertir como quiser. Cheiros, sons, texturas... O corpo (o seu e o do parceiro) se torna uma nova possibilidade a ser descoberta.

Chicotes e algemas são artigos amplamente vendidos em *sex shops*, mas é melhor procurar artigos de qualidade. Muitas vezes, os chicotes desmancham na primeira chicotada e as algemas não prendem bem. O legal é criar jogos em que a teimosia de quem deve se submeter instigue uma "punição".

Hoje em dia há velas especiais para pingar na pele, sem nenhum risco de queimadura, pois elas derretem quando aquecidas apenas na mesma temperatura do corpo. Além disso, a cera, que tem um cheiro maravilhoso e escorre sobre a pele, vira um óleo de massagem que os dois podem usar para se lambuzar, experimentando assim uma sensação maravilhosa.

Há acessórios como pregadores para mamilos, mordaças, *balls gag* – uma espécie de cinta que se ata à cabeça, dotada de uma bola que deve ser introduzida na boca, para impedir quem a usa de falar –, arreios de couro, para montar como se fosse um cavalinho, e vários outros artefatos que dão um toque mais real ao fetiche. Todos eles dão possibilidades interessantes que permitem a criação de enredos.

Uma prática que tem ganhado muitos adeptos e interessados é o *shibari*, uma técnica de amarrações com cordas. Ela exige um pouco mais de conhecimento e treino. Há vários níveis de dificuldade e pode-se amarrar desde as mãos até o corpo todo e ainda suspender a pessoa. Aprender algumas técnicas pode ser desafiador e a privação de movimentos – quando consensual, é claro –, pode ser muito excitante.

Em relação a vestuário, sugiro que tente uma peça de látex. Talvez um vestido, que é mais fácil de colocar. Há sites gringos muito bons nos quais você pode procurar modelitos. Um dos meus preferidos é o Libidex. Há também o site da Atsuko Kudo, que é tipo alta costura em látex, cujos modelos são tão elegantes que podem até ser usados fora do quarto. Famosas como Katy Perry e Kim Kardashian são clientes dela.

É fundamental comprar o lubrificante específico para látex, que é vendido nos próprios sites, pois ele é fundamental para a manutenção da roupa. Ter um frasco de talco por perto ajuda bastante na hora de vestir, uma tarefa não muito fácil. Para isso, fique nua, sem calcinha ou sutiã, esfregue um pouco de talco no corpo e na peça e vista-a.

A sensação de passar o lubrificante pela peça é maravilhosa, pois o látex é quente e apertado e o toque, embora não seja diretamente na pele, é delicioso. Vá além e continue vestida durante toda a transa, enquanto seu parceiro (a) passa as mãos pelo seu corpo com a ajuda do lubrificante. A sensação de voluptuosidade é inexplicável. Ah, se você não se sente muito à vontade pra usar esse tipo de roupa por conta das gordurinhas, saiba que o látex aperta tudo e dá uma silhueta incrível, além de ser bem resistente.

O *corset*, conhecido como espartilho, também é uma peça na qual vale a pena investir. Esqueça aqueles corpetes de lojas de *lingerie*. Estou falando de peças estruturadas por meio de barbatanas de aço (e muito confortáveis), feitas sob medida, que deixam o corpo bem delineado. É possível usar eventualmente ou todos os dias, uma prática chamada *tight lacing*, que tem como objetivo reduzir medidas. Para uso contínuo, é muito importante ter acompanhamento médico e realizar atividades físicas.

Esse acessório oferece o mesmo benefício das peças de látex, delineia bem o corpo, mesmo o das mais cheinhas, que ficam com um desenho corporal tipo ampulheta. Usar apenas na hora H funciona bem, é só não apertar muito para conseguir se movimentar. Você pode controlar o aperto por meio de cordinhas trespassadas que ficam nas costas e lembram a amarração dos cadarços de sapato. Apesar de serem peças mais caras, elas compensam o investimento, especialmente porque vão do quarto às festas de gala e dão aquele *up* na postura. As minhas marcas preferidas estão no Glossário do prazer.

Depois da febre do *50 tons de cinza*, criou-se o estereótipo de que, entre o casal, a mulher é quem deve

ocupar o papel de submissa, mas inverter os papeis é uma alternativa interessante. A maior parte dos clientes que me procuravam para esse tipo de experiência queria que eu fosse a dominadora, enquanto eles ficariam submissos. Esse tipo de desejo é comum entre executivos, advogados, médicos, em geral inclui profissionais que sofrem muita pressão no ambiente de trabalho e que preferem não exercer o poder entre quatro paredes. Uma tática simples para essas situações e que denota muito controle é não permitir que o parceiro goze, por exemplo. Quando perceber que ele está prestes a chegar lá, diga-lhe que não está autorizado a isso e que só poderá gozar quando você permitir.

Há aqueles que gostam de inversão de papéis – que é quando a mulher o penetra – mas você não precisa ir tão longe se não quiser. Começar com jogos mais leves pode ser um bom incentivo pra que ele se solte e revele suas fantasias. O importante é experimentar. Amarrar-lhe as mãos, por exemplo, e obrigá-lo a fazer sexo oral até você gozar, sujeito a levar uma dedada se não fizer direito, pode funcionar de duas formas: se ele não gostar da ideia de um dedinho, vai se esforçar pra mandar bem ou vai fazer tudo errado de propósito pra levar a punição.

Muitas vezes é mais fácil deixar que o homem conduza, que diga o que quer, e nós acabamos nos deixando conduzir. Criar o nosso próprio roteiro e fazer o que nos dá vontade às vezes é difícil, porque não exercitamos esse lado com frequência e é possível que você fique sem saber o que fazer, mas essa sensação vai passar conforme for tentando novas possibilidades.

Além disso, o poder que vai sentir dirigindo a cena será único. Você pode se inspirar lendo *A Vênus das peles*, de Leopold von Sacher-Masoch, um romance que narra a história da submissão sexual e existencial de um homem por uma mulher.

Sexo tântrico

Recomendável para quem quer tentar algo novo, mas não tão ousado, como *swing* e *ménage*, é o sexo tântrico. Além de ser uma nova possibilidade para a sua vida sexual, ele provavelmente trará novos significados para sensações, orgasmos e desejo.

O sexo tântrico sugere um tempo de sexo muito mais longo do que o das fodas convencionais. É uma conexão de energias que passam por massagem e exercícios mentais e corporais para ativar a energia sexual, a chamada Kundalini.

Diferentemente dos coelhos de plantão, a ideia do Tantra é retardar a ejaculação masculina o máximo possível, pois isso intensifica a nossa energia sexual, proporcionando mais prazer à parceira, que pode gozar várias vezes.

Existem centros especializados no assunto, onde você pode receber uma massagem de um *expert*, fazer um curso com o (a) seu (sua) parceiro (a) ou se tornar, você mesma, uma instrutora. Deixo a indicação lá no final do livro.

Swing, ménage e afins

A primeira pergunta que você e o seu parceiro devem fazer antes de entrar nesse reino é: queremos realmente nos envolver com outras pessoas?

Antes de responder, é importante que os dois analisem sua relação. Para envolver outras pessoas, é preciso haver muita cumplicidade e confiança entre vocês. Transar com outras pessoas não deve nunca ser visto como uma fuga da relação, ou traição, mas como um complemento no qual os dois participam em comum acordo. Vocês são responsáveis por tornar a relação mais interessante e não os outros. Quando falo em envolver mais alguém, não estou dizendo que isso precisa se tornar o *lifestyle* de vocês e que devem frequentar casas de *swing* loucamente, muito menos dar em cima de todos os amigos para entrar na brincadeira. Existem várias formas de fazer isso acontecer e ninguém precisa se desesperar. Garanto.

Em seu livro *A sociedade secreta do sexo*, Marcos Nogueira apresenta uma perspectiva interessante sobre a história do *swing*. Segundo o jornalista canadense Terry Gould, em seu livro *The lifestyle – A look at the erotic rites of the swingers*, a origem do *swing* foi uma contribuição dos pilotos da Força Aérea dos EUA que serviram na Segunda Guerra Mundial. Por conta da alta mortalidade dos militares, eles criaram um acordo. Se um deles morresse, outro piloto se comprometeria a cuidar da esposa e dos filhos dele, e eles cuidavam mesmo, em todos os sentidos. Esse contexto alterou significativamente as vivências sexuais da comunidade.

Joan e Dwight Dixon, um casal de sexólogos, se detiveram em estudar questões de comportamento sexual em bases aeronáuticas. Naquele momento, estavam surgindo as *key parties,* festas em que os pilotos colocavam suas chaves em um chapéu e suas esposas escolhiam uma chave aleatoriamente. Quem fosse escolhido por ela seria seu parceiro sexual naquela noite. Embora não haja certeza de que a dinâmica da brincadeira era exatamente essa, o termo *key club* foi muito utilizado no período pós-guerra para denominar locais que os casais frequentavam em busca de sexo com outros casais. A coisa pegou fogo e se espalhou no final dos anos 1940 entre instalações militares da Califórnia, de Washington e de muitas outras cidades, culminando com o surgimento dos clubes de *swing*. De acordo com Gould "...no fim da Guerra da Coreia, em 1953, os *key clubs* haviam se espalhado das bases aéreas para subúrbios adjacentes, entre profissionais de escritório certinhos, e o crescimento desses clubes foi simultâneo ao aparecimento do sexo grupal entre os primeiros *beatniks*".

Conheci um cara que vivia insistindo para que a mulher topasse embarcar em um *ménage* e ela nunca gostou da ideia; sempre dizia não. Um dia, cansada da insistência e com medo de perder o marido, disse que topava. Ele quase teve um treco, ficou nervoso e brochou, dizendo que não queria tanto assim e que eles podiam continuar só fantasiando mesmo. Muitos homens se excitam e já ficam satisfeitos somente diante dessa possibilidade. Sem ter coragem para enfrentar o real, eles preferem se excitar com a fantasia.

Há também aqueles que desejam outros corpos de carne e osso, para quem a ficção não basta e, nesse caso, eu sou categórica: não faça nada apenas para agradar ao parceiro. Não faça algo que a machuque, apenas por medo de ser traída ou de ter o relacionamento desfeito. Se ele te ama e se importa com você, vai encontrar um outro jeito de saciar os desejos sem te violentar. Nunca encare o relacionamento como responsabilidade exclusivamente sua. Cabe aos dois cultivar essa relação para que ela funcione e seja boa para ambos. Quando um relacionamento acaba, dificilmente é culpa de apenas um dos envolvidos.

Lembro de um casal que atendi. A moça estava muito nervosa e enquanto bebia vinho, tequila e outras bebidas fortes (como que querendo fugir da situação criada), me contou que ela o havia pedido em casamento e que a condição dele para aceitar era que fizessem um *ménage* por ano. A noite acabou como previsto: ela no chão do banheiro, vomitando, enquanto o marido segurava seus cabelos.

Por outro lado, se existe em você alguma curiosidade ou desejo íntimo de viver a experiência, vá em frente e tente descobrir uma maneira segura e confortável de realizar esse desejo. Como eu já mencionei em vários outros tópicos, é fundamental que vocês tenham uma relação de confiança e cumplicidade. Essa é a premissa básica de uma relação e essencial para que outras pessoas tenham acesso aos corpos de vocês porque, se o relacionamento estiver desmoronando e não houver confiança mútua, além dessa novidade criar um clima péssimo, um de vocês pode achar a grama do vizinho mais verde e tudo acabar de vez. Não pense que *ménages* ou surubas em casas de *swing* vão salvar sua relação. Pelo contrário, nesses casos, transar com outras pessoas passa a ser uma fuga da realidade e a tendência é isso se tornar constante, só para que não "precisem" transar entre si e enfrentar os problemas do casal.

Geralmente, a primeira possibilidade em que os casais pensam é no *ménage* feminino. Essa fantasia é quase unanimidade entre os homens, mas eu também tenho visto as mulheres muito curiosas a respeito de relações com outras mulheres. Eu mesma recebi ligações de muitas que, embora estivessem levando o parceiro, estavam genuinamente interessadas na experiência. As mulheres estão despertando para o próprio prazer. Que maravilha!

Se a ideia de partir para essa fantasia for dele, acho digno você propor a realização de uma fantasia sua também. Porque não um *ménage* com dois homens e você? Direitos iguais, não? Esse fetiche masculino é muito mais visual do que prático, propriamente dito, e tem muito a ver com os milhares de filmes eróticos veiculados por aí. Digo isso porque raramente vi alguém dando conta das duas e, várias vezes, vi as mulheres em supersintonia e o cara sobrando, ou tão ansioso com a realização do sonho que o mastro simplesmente não subia. Isso é fácil de explicar, já que homens tem um só pau, podem gozar uma ou duas vezes (porque, normalmente, levam tempo pra se recuperar) e não costumam ter destreza para lidar com dois corpos ao mesmo tempo. Diferentemente de nós, que fomos privilegiadas com 3 orifícios utilizáveis, além de mãos bastante habilidosas. E se as duas mulheres se pegam pra valer, o que, em tese, é o que ele gostaria de ver, não há muito espaço pra ele entrar, especialmente porque elas sabem o que dá prazer a um corpo feminino. Mas veja bem, esses comportamentos não são regra, ainda que haja certa possibilidade de ocorrer algo assim.

Já conversei com mulheres que gostariam de um *ménage* com dois homens. O único ponto desmotivador é que, normalmente, na obrigação gritante de macheza, os homens acabam não interagindo entre si e você tem que cuidar dos dois, de maneira que eles não se toquem, nem fiquem muito perto entre si, o que, se pararmos pra pensar, é bem estranho. Trata-se de uma transa entre três pessoas em que duas não se tocam. O engraçado é que é esperado de nós, em um *ménage* com duas mulheres, interagirmos com a outra garota, como ninfas insaciáveis, enquanto em um *ménage* com dois homens e uma mulher, eles evitarão se tocar. Como se ser bissexual nos fosse inerente, mas não a eles.

É uma pena que as pessoas fiquem tão preocupadas em categorizar ou rotular gostos e desejos. Lamentável que não experimentem o novo, e falo isso me referindo principalmente aos homens, que agem assim por medo de pensamentos e julgamentos. Nós, mulheres, somos julgadas o tempo todo e continuamente questionamos esses valores que nos são impostos, mas o medo deles muitas vezes os trava e eles deixam de sentir e viver experiências que poderiam ser deliciosas. O que experimentamos não nos define. Afinal, jogar uma partida de tênis, por exemplo, não significa que você é um tenista.

Muitos homens ignoram que uma das fantasias mais recorrentes em mentes femininas é ver dois homens juntos, não porque consideramos um ato *gay*, mas porque pode ser bem interessante ver aquele machão se entregando a outro, algo quase (ou totalmente) proibido ou "impossível" e, por isso mesmo, delicioso.

Bem, partindo para a prática, há algumas maneiras de promover *ménage*, surubas e afins de maneira satisfatória. Por meio de amigos, prostitutas, casas de *swing*, aplicativos ou festas privativas.

Há casais que preferem, escolher alguém do seu próprio círculo social para realizar a fantasia. As vantagens dessa opção são a familiaridade e a naturalidade no trato com a pessoa, o que, em tese, garante um clima mais natural. Dependendo no nível de intimidade que tem com quem vai convidar, o casal pode conhecer o histórico sexual dessa pessoa e ficar mais tranquilo em relação a DSTs. Por outro lado, o convívio após a experiência pode causar estranheza e dar lugar àquele clima de "comi sua mulher" ou "dei para o seu marido", que tende a não ser muito bacana, além de dar margem a ciúmes, que vão além do momento vivido. Em suma, ao escolher essa opção, é preciso aceitar a possibilidade de haver algum prejuízo na relação de amizade.

Entre amigas, você pode usar a bebida como desculpa, caso a pessoa fique constrangida ou desconfortável. Já entre homens, há uma linha tênue entre a ideia parecer excitante e o parceiro parecer corno. É claro que isso depende muito do meio em que vocês vivem, mas o mundo é machista. De todo modo, soltar algo como "ah, minha mulher sonha em transar com dois caras" e ver a reação do eleito é uma boa pedida. Se a reação for ruim, basta desconversar, mas se ele fizer alguma piadinha mostrando interesse, é só dar corda.

Há quem goste de fisgar pessoas aleatórias em bares, por exemplo. Conheço um casal que vai junto a um bar e fica separado durante a noite, buscando possíveis candidatos ao *ménage*. As idas constantes ao mesmo local fizeram com que, em pouco tempo, todo mundo percebesse a tática, mas eles pareciam não ligar. Geralmente ela partia para o ataque, enquanto ele observava. Olhava mulheres, falava com elas e as seduzia; quando elas finalmente estavam caindo na teia, ela revelava que seu marido estava lá e que seria ótimo sair a três. A mesma coisa se repetia com os homens e quando eles estavam completamente seduzidos, ela dizia a verdade e apontava o marido no balcão. As vezes funcionava, às vezes não.

Você pode achar que não, mas às vezes as coisas simplesmente rolam. Você sai entre amigos pra tomar um drinque e, de repente, estão transando; ou senta numa dessas mesas coletivas em algum lugar, conhece alguém interessante e, pronto! Ou está em uma viagem incrível e surge alguém que não conhece vocês. As pessoas não são burras. Sabem reconhecer um olhar de alguém cujo interesse vai além da amizade e daí em diante bastam algumas palavras para se insinuar e dar o recado. De todo modo, se o clima ficar ruim, você sempre pode culpar a taça de vinho que tomou. Nesse sentido, não ter conexões com a pessoa que vai tentar capturar pode ser melhor. A grande sacada é não criar expectativas e deixar rolar, sair para se divertir. Podem acontecer coisas divertidas desde em locais como o banheiro da balada até em drinques continuados na sua própria casa ou num motel.

Tenho uma amiga que fala "Gente, surubas simplesmente acontecem. Eu nunca programo. Quando vejo, tô transando com meus amigos e as namoradas". De fato, as vezes ficamos tão preocupados tentando arranjar tudo, que o tiro sai pela culatra.

Outra alternativa são os aplicativos. O mais famoso e indicado especificamente para este fim é o 3inder. Ele funciona mais ou menos como o Tinder, em que você dá um um *like* no casal, ou na pessoa que gostar, e se ela der *like* de volta, abre-se um canal para comunicação. Não é exigido colocar fotos de rosto, nem nada explícito, o que garante discrição e é possível bater um papo com a pessoa para conhecê-la melhor e saber se é uma boa aposta, além de oferecer, também, o atrativo de que as pessoas estão ali com a mesma finalidade que você.

Por outro lado, em sua maioria, os participantes são solteiros e homens. Para o caso de troca de casais, não funciona bem, pois grande parte dos caras entra nessa achando que vai comer um monte de mulher por aí. Por isso, é preciso um pouco de paciência, até porque você não vai encontrar apenas pessoas lindas que vão enchê-la de tesão.

Há também o Tinder, no qual basta você colocar o que procura na descrição e sair curtindo pessoas, ou o site Ashley Madison, uma rede social que promove encontros tipo pulada de cerca, porque, tecnicamente, as pessoas que fazem parte deles estão buscando apenas sexo e, por serem casadas, têm algo a perder se expuserem a vida do casal. Já vi mulheres criando perfis em aplicativos para lésbicas, procurando alguém para um *ménage*, mas já adianto que a ideia não é boa. Nem toda lésbica vai receber bem a iniciativa, porque *a priori* elas estão buscando um relacionamento com outra mulher e costumam colocar na própria descrição algo como "Não, não tô a fim de fazer *ménage* com você e seu marido".

Além dos aplicativos afins, há sites específicos para *swing*, mas eu não recomendo. Um casal de professores que conheço teve as fotos divulgadas por toda a cidade, o que causou um grande constrangimento. Hoje em dia eles só participam de uma rede social, o *www.swingreal.com*, mas, para entrar nela, o casal deve ser reconhecido como *swinger* por outro membro, que será o responsável pelas atitudes de seus indicados dentro daquela rede. Toda a burocracia funciona para evitar fraudes e para atrair quem realmente curte o *lifestyle*, mas essa talvez não seja sua intenção e você esteja apenas querendo experimentar, não fazer disso o seu estilo de vida.

Falando nisso, há festas privativas interessantes. Eu mesma já participei de algumas que eram surreais. Pessoas lindíssimas, produção impecável, festa maravilhosa, mas é preciso conhecer alguém do meio ou ter um pouco de sorte para participar. Há festas itinerantes, que acontecem em vários países, cujos ingressos são caríssimos, visando selecionar o público participante. O Hedonism II, um resort que fica na Jamaica, reúne entusiastas desse estilo de vida. Lá você não é obrigado a fazer nada que não quer, apenas fica no mesmo ambiente que outras pessoas com os mesmos interesses que você.

Uma das opções às quais os curiosos mais recorrem, sem precisar se comprometer em transar, são as casas de *swing*. Há várias opções no Brasil e você pode visitar os sites, observando a estrutura e a proposta oferecidos, buscando uma que se adapte aos seus desejos. Como regra geral, elas costumam seguir uma estrutura básica. O primeiro ambiente, bastante espaçoso, parece uma balada: música eletrônica, bebidas, dançarinas e *gogoboys* agitam a festa. Tenho uma amiga que entrou numa delas por engano, achando que era uma balada comum. Esse ambiente serve para as pessoas se olharem, conversarem e, se quiserem, partirem para os labirintos.

Os labirintos são longos corredores que vão se bifurcando em vários quartos. Geralmente, há dois deles: em um deles só são permitidos casais e no outro, solteiros e casais. Há vários tipos de ambientes, a saber:

• "Camão" ou tatame

É uma cama que fica em um dos espaços abertos. Geralmente vira um surubão. As pessoas vão chegando e participando. Normalmente, começa com uma mulher e um cara e os demais vão se aproximando.

• *Darkroom*

Como o próprio nome esclarece, trata-se de um quarto escuro onde o atrativo é as pessoas não verem muito bem o que está rolando. Você vê sombras e contornos, porque há uma luz fraca, insuficiente para distinguir claramente o que se passa. Essa sala costuma ser espaçosa, ter bancos e espelhos. Alguns casais ficam por lá sem participar da suruba toda, só observando e transando entre eles mesmos.

• Aquário

Trata-se de um quarto em que você pode controlar a luz através de um *dimmer*, onde as pessoas podem te observar através da parede de vidro.

• Confessionários

São quartos menores, dotados de treliça de madeira para que os passantes possam observar o que rola lá dentro.

Neles, também é possível controlar a intensidade da luz e, dependendo de vocês, fechar a treliça com uma cortina, quando quiserem mais intimidade.

• *Glory Hole*

Esses são ambientes com aberturas na parede, para permitir que as pessoas exibam paus, bocetas, peitinhos, mãos, pés ou qualquer parte do corpo, sem que vejam um ao outro.

O que eu considero positivo numa casa de *swing* é que ela abre a possibilidade de apenas olhar as pessoas transando, sem a obrigatoriedade de participar de nada. Certamente, vocês voltarão pra casa cheios de ideias e fantasias, o que por si só já é maravilhoso. O local é pensado para essas atividades e há normas e seguranças que garantem a tranquilidade dos frequentadores.

Por outro lado, é preciso saber que ver aquele monte de gente transando pode ser um pouco chocante para quem ainda não viveu nada assim. Além disso, em geral o valor cobrado para entrada não é barato. E normalmente, há muitos homens sozinhos, mas que respeitam os casais e que não podem entrar no labirinto exclusivo destes.

Em casas de *swing*, há certas regras implícitas. Ninguém chega e vai tirando a roupa. Se há interesse, há trocas de olhares e aproximação no ambiente da balada, ou tocam levemente seu braço no labirinto e você pode responder, tirar a mão ou simplesmente ignorar.

Esqueça o filme *De olhos bem fechados*. O ambiente não é maravilhosamente atraente. Você olha o dispositivo de papel higiênico e de sabão que há em cada cabine e fica pensando em quanta gente já terá transado ali e se o lugar foi bem limpo. Mas veja bem, isso pode ser exatamente o que vá te excitar. Só sabemos o que nos excita imaginando, testando.

Por fim, mas não menos importante, uma das opções mais práticas são as putas. A praticidade vem do fato de elas serem profissionais, sem interesse em destruir casamentos, e da possibilidade de escolher o perfil que vocês buscam, de combinar antecipadamente os detalhes e limites do casal, com a segurança de que ambos – casal e prostituta –, pertencem a círculos sociais distintos, o que evita constrangimentos.

Por outro lado, existe o risco de essa ser uma experiência mecânica e *fake*. Por isso, é importante ligar e bater um papo com a garota antes, para ver se ela é gentil e atenciosa. Também é possível que fique um pouco sem graça, pois transar de hora marcada pode não ser tão legal ou desanimar vocês. Conheço casais que, por ter medo de fotos falsas e atitudes não tão cordiais, frequentam boates de alto nível para ver e falar com as meninas ao vivo.

Infelizmente, as opções para mulheres que desejam um garoto de programa são ínfimas. A maioria dos garotos atende apenas homens e os sites são muito mais escassos. Enquanto as "acompanhantes" são glamourizadas, há certa degradação no ambiente masculino, especialmente entre aqueles que trabalham nas ruas e por meio de sites. Falta profissionalização no trato com mulheres. Os homens mais interessantes não se expõem. São modelos ou atores em início de carreira cujo acesso é restrito a quem tem QI (quem indica).

Sobre os ambientes em que a suruba pode acontecer, normalmente as opções são a casa do casal ou um motel. Embora a primeira opção seja mais intimista e aconchegante, o que pode deixar o casal à vontade, convém pensar se vale a pena expor a própria casa a um(a) estranho(a), pelo menos na primeira vez; e, se, por outro lado, a pessoa já for conhecida, é bom analisar se é oportuno que ela tenha acesso a esse ambiente, ao local de união do casal. Além disso, há vizinhos, o cachorro e se vocês têm filhos, a situação ainda fica mais complicada. Lembro de um casal que fui atender cujo filho acordou no meio da festa e bateu na porta. Quase morremos. Tive de me esconder no armário e esperar que o garoto dormisse novamente.

Embora um motel possa parecer artificial num primeiro momento, posso garantir que existem motéis de primeira classe, elegantérrimos ou, até mesmo, hotéis em que o casal pode chegar antes, curtir a banheira, a piscina e ir ficando à vontade – chegar em cima da hora não é boa ideia pois aumenta a ansiedade –, além disso, locais assim oferecem segurança, tudo vem pronto da cozinha (de drinques a refeições elaboradas) e você não vai precisar limpar nada depois.

Antes de ir pra cama é importante que você defina os limites com seu parceiro, o que pode e o que não pode. É comum que mulheres não se sintam à vontade vendo o marido comer outra, então preferem que não ocorra penetração. Não há problema algum em impor limites, o importante é tudo isso ser discutido com a devida antecedência, pra não pintar um clima ruim na hora. Cumplicidade e sintonia são importantes para interpretar as reações do outro, caso um dos dois não goste de algo e, sobretudo, que as situações sejam conduzidas de forma a não gerar constrangimentos. Observar as expressões e olhares faz toda a diferença. Essas características também são fundamentais para evitar ciúmes. Talvez você sinta uma pontinha, o que será absolutamente normal, mas a confiança deve estar acima desse sentimento.

"Como quebro o gelo, Lola?"

Antes de partir para o momento mais *caliente*, lembre-se sempre de levar um monte de camisinhas e, o mais importante, de usá-las. Troque o preservativo sempre que alternar entre orifícios e pessoas, inclusive no sexo oral. Como eu já mencionei, hoje em dia há varias doenças silenciosas como o HPV e a clamídia. A primeira é uma das principais causas de câncer de colo de útero e estudos recentes mostram que ele também é um dos principais causadores do câncer de boca e garganta. Não pense que apenas quem fuma e bebe está correndo perigo, sair chupando todo mundo por aí também está na lista de atitudes perigosas, então pense bem antes de se arriscar. Além da camisinha, lembre-se do lubrificante, que pode se tornar um dos seus melhores amigos.

Agora, partindo para "os finalmente", sugiro uma taça de vinho e um pouco de papo, mas não é pra tomar a garrafa toda e passar mal, especialmente os homens, que ficam sujeitos a consequências bem desanimadoras e impróprias pra essas situações quando bebem muito.

O mais legal é deixar rolar e encarar a experiência como uma possibilidade sensorial, sentir gostos, cheiros, texturas, ouvir sussurros, permitindo que os corpos se entrelacem, se saboreiem e gozem.

Comecem por beijos, acariciem os corpos, tirem a roupa e vão desbravando aos poucos o mundo desconhecido de sensações que se abre à sua frente. Faça o que tem vontade e não se baseie em filmes pornôs que mostram dupla penetração como se isso fosse tão natural como comprar três pães franceses para o café da manhã. Não se preocupe em saber exatamente o que fazer porque se todo mundo já soubesse, nem teria graça viver a experiência. Preocupe-se em experimentar, em se permitir, em descobrir o prazer de tudo isso. E se não gostar de algo, não precisa se desesperar, pode retirar lentamente a mão da pessoa, direcionando-a para outros lugares, incentivando outros estímulos. Nesses momentos, basta ser gentil e agir com delicadeza.

Eu seria hipócrita se dissesse que todos os relacionamentos são blindados contra paixonites e, por isso mesmo, a possibilidade de rolar um sentimento existe, mas ela será menor se tudo estiver bem entre você e seu parceiro. Se o relacionamento estiver indo mal, até num ponto de ônibus podem surgir grandes paixões. Enfim, segundo o mestre Guimarães Rosa, "viver é mesmo muito perigoso".

"Ligo no dia seguinte?"

Bem, essa é a vantagem de eleger desconhecidos. Provavelmente, você nunca mais verá essa ou essas pessoas, a menos que vocês, efetivamente, queiram manter contato. Com certeza, o que fica é aquele gosto de quero mais que certamente apimentará suas próximas transas por muito tempo.

O fato de ter participado de uma suruba uma vez não te torna uma *swinger* e você não precisa repetir a experiência outras vezes se não quiser. Muitos casais que me já me procuraram viam no *swing* apenas uma variação da rotina, não tinham intenção de algo com periodicidade definida.

Mas se você transou com amigos e quer tentar rir do que rolou no dia anterior não vejo por que não telefonar. Vai depender de tanta coisa, inclusive se o outro vai querer ter esse papo com você. Só não vale ter ressaca moral, ficar se criticando, se condenando e se deixando dominar por pensamentos neuróticos e moralistas.

Conclusão

O sexo me possibilitou vivências únicas e muito valiosas, o domínio do meu prazer e do meu corpo me ensinou a me amar. Sendo puta, eu aprendi a dizer não ao que não me agradava e a me conhecer melhor. Vivendo uma relação monogâmica, eu amadureci, aprendi a levar em conta os desejos do outro, discordando quando necessário e buscando equilíbrio entre personalidades diferentes. Vivi novos desafios e passei a entender a complexidade de gerenciar um relacionamento. Nem sempre é fácil lidar com nossas expectativas e frustrações, mas se os dois trabalharem juntos, é possível ter uma relação muito feliz.

Espero que este livro tenha lhe despertado para o mundo de possibilidades do desejo e, mais do que isso, que você possa encontrar as ferramentas de que precisa para um relacionamento mais feliz e saudável. Que saiba que mais importante do que proporcionar prazer ao parceiro é sentir-se bem consigo mesma, recebendo respeito e compreensão do seu parceiro (a).

Por fim, desejo que você goze muito e que descubra um milhão de maneiras de encontrar prazer. O importante é que você se conheça, se permita viver o prazer e não se preocupe tanto com julgamentos de quem não calça seus sapatos. É difícil nos tornar quem de fato somos, mas é uma delícia chegar lá.

A nossa travessia pela vida é constante e o importante é encontrar caminhos que nos façam bem e que possam nos redescobrir constantemente, porque mudar é maravilhoso.

Torço para que você também se permita...

Glossário do prazer

Listei aqui várias referências para você se inspirar. Desde sites sobre sexo até modelos de vibradores que recomendo, passando por filmes e livros que lhe ajudarão a entender melhor o mundo do sexo, se conhecer e melhorar sua performance.

Sites

www.erikalust.com
www.xart.com
www.xplastic.net
www.jamesdeem.com

Filmes

Love (3D, 2015, França)
Shame (2012, Reino Unido)
Azul é a cor mais quente (2013, França)

Os sonhadores (2003, Itália-França-Reino Unido)
Death proof (2007, EUA)
Jovem e bela (2013, França)
De olhos bem fechados 1999, EUA)
Ninfomaníaca, volumes I e II (2013, vários)
Shortbus (2005, EUA)
Nove canções (2005, EUA)
Um estranho no lago (2013, França)
Ken Park (2003, Rússia)
Lucía e o sexo (2001, Espanha)

Livros

A casa dos budas ditosos, de João Ubaldo Ribeiro
História do olho, de Georges Bataille
História de O, de Pauline Réage
História de "O", (versão HQ) de Guido Crepax
Kama Sutra, (versão HQ) de Milo Manara
A bela da tarde, de Joseph Kessel
Pequenos pássaros, de Anaïs Nin
Delta de Vênus, de Anais Nin
Trópico de Câncer, de Henry Miller
Sexus, Nexus e *Plexus*, que compõem a trilogia *A cruxificação encarnada*, de Henry Miller
O caderno rosa de Lori Lamby, de Hilda Hilst
Funny Hill, de John Cleland
A Vênus das peles, de Sacher Masoch
Os desejos da Bela Adormecida, de Anne Rice
Tampa, de Alissa Nutting

O professor do desejo, de Philip Roth
A vida sexual de Catherine M., de Catherine Millet
Lolita, de Vladimir Nobokov
S.E.G.R.E.D.O., de L. Marie Adeline
A filosofia na alcova, do Marquês de Sade
120 dias de Sodoma, do Marquês de Sade
Pornopopéia, de Reinaldo Moraes

Músicas

Led Zeppelin
The Doors
Janis Joplin
Jimi Hendrix
Sarah Vaughan
Etta James
Nina Simone,
Muddy Waters
John Mayer
Buddy Guy

Vibradores

- G-Vibe 2 – estimula o ponto G, o lado contrário. É indicado tanto para mulheres que tiveram filhos recentemente, como para as que não tiveram, pois os braços do aparelho se adaptam a cada formato, preenchendo sem causar desconforto, nem forçar o canal vaginal. Toda a sua extensão vibra. Pode ser usado no cu e na boceta, dois na boceta, um na boceta e outro no clitóris, nos peitinhos...

- Jimmyjane Form 2 – dente
- Hello Touch X – da marca Jimmyjane
- Crave Vesper Vibrator
- Vibrador Duet – vibrador equipado com *pen drive* de até 16 GB – marca Crave. No site da marca, *www.lovecrave.com* você encontra informações detalhadas sobre cada modelo, como, por exemplo, intensidade e padrão da vibração e ponto de estímulo.
- Mio Vibrating Penis Ring – Je Joue
- Minna Life Vibrator Ola

No livro *Vibrador*, da Paula Aguiar, ela faz um inventário dos tipos mais comuns de vibradores e o modo de usá-los. O livro está disponível gratuitamente para baixar.

Minhas 10 posições favoritas

1. Você sabia que pode praticar o 69 **pra penetração**? Pois é. Essa posição exige um pouco mais de desenvoltura, mas é só treinar um pouco. Ele se deita de barriga pra cima e você deita em cima dele, mas ao contrário, de modo que sua cabeça ficará nos pés do querido (olha a importância da podóloga). Você usará as pernas dele como apoio pra se movimentar. Vale ir devagar pra encaixar bem e usar lubrificante pra evitar acidentes.
2. Agachamento erótico
3. Beijo do súdito
4. Garanhão profundo
5. Comando de joelhos
6. Cachorrinho de pé
7. Cavalgada de costas sentada
8. Tacape do guerreiro
9. Dominação de quatro
10. Dança das borboletas

Roupas e afins

Látex

www.libidex.com
www.atsukokudo.com
www.etsy.com
www.houseofharlot.com
www.baroness.com

Corsets

www.blackcatcorsets.com
www.madamesher.com
www.saturninecorsets.tanlup.com
www.ferrercorsets.com.br
www.donnaanita.com.br
www.dartemis.com.br
www.jeronimabaco.com.br

Lingerie

www.agentprovocateur.com
www.whatkatiedid.com

Técnicas

Tantra – *www.centrometamorfose.com.br*
Pompoarismo – *www.lupompoar.com.br*
Swing – *www.hedonist.com*

Este livro foi composto em Adobe Garamond e Bliss Pro
pela Intergraf para a Editora Planeta do Brasil
em janeiro de 2017.